Da Tramitação Processual Prioritária
(Lei nº 12.008/09)

Carlos Henrique Abrão

Da Tramitação Processual Prioritária
(Lei nº 12.008/09)

SÃO PAULO
EDITORA ATLAS S.A. – 2012

© 2012 by Editora Atlas S.A.

Capa: Leonardo Hermano
Composição: Formato Serviços de Editoração Ltda.

Dados Internacionais de Catalogação na Publicação (CIP)
(Câmara Brasileira do Livro, SP, Brasil)

Abrão, Carlos Henrique
  Da tramitação processual prioritária (Lei nº 12.008/09) / Carlos Henrique Abrão. - - São Paulo: Atlas, 2012.

  Bibliografia.
  ISBN 978-85-224-7137-9

  1. Idosos - Estatuto legal, leis, etc. - Brasil I. Título.

12-04016   CDU-347.9:362.6.(81)

Índice para catálogo sistemático:

1. Brasil : Tramitação processual prioritária à luz do Estatuto
   do Idoso : Direito processual   347.9:362.6.(81)

TODOS OS DIREITOS RESERVADOS – É proibida a reprodução total ou parcial, de qualquer forma ou por qualquer meio. A violação dos direitos de autor (Lei nº 9.610/98) é crime estabelecido pelo artigo 184 do Código Penal.

Depósito legal na Biblioteca Nacional conforme Lei nº 10.994, de 14 de dezembro de 2004.

Impresso no Brasil/*Printed in Brazil*

Editora Atlas S.A.
Rua Conselheiro Nébias, 1384 (Campos Elísios)
01203-904 São Paulo (SP)
Tel.: (011) 3357-9144
www.EditoraAtlas.com.br

Sumário

Apresentação, vii

1 Introdução, 1

2 Os Princípios Constitucionais da Efetividade, 3
    2.1 O tempo razoável de duração do processo, 3
    2.2 O idoso e o doente na concepção jurisdicional, 5
    2.3 Dever do Estado, direito da parte, 7
    2.4 O artigo 5º, inciso LXXVIII, da Constituição Federal, 9
    2.5 Processos administrativos e judiciais, 12

3 O Estatuto do Idoso e a Prioridade da Causa, 16
    3.1 O significado da Lei nº 8.842/94, 16
    3.2 O estímulo à consolidação do direito do idoso, 18
    3.3 Os direitos da pessoa idosa e o processo, 19
    3.4 Tutela individual e coletiva em relação aos idosos, 21
    3.5 A finalidade da prestação jurisdicional efetiva, 25

4 Predicados da Concessão do Benefício, 29
    4.1 O significado da prioridade na tramitação processual, 29
    4.2 O procedimento e seus requisitos legais, 30
    4.3 Os beneficiários e a interpretação da norma, 31

4.4 A prioridade ampla e seus reflexos, 32

4.5 A tramitação no processo eletrônico, 33

5 **Do Requerimento à Concessão do Benefício, 35**

5.1 Da parte ou terceiro interessado, 35

5.2 A efetiva duração do processo e o aspecto da prioridade, 37

5.3 A dinâmica da prioridade e seu aspecto jurisprudencial, 39

5.4 A cessão da posição processual, 40

5.5 A cessão do crédito, 42

6 **A Tramitação Prioritária e sua Efetividade, 44**

6.1 A celeridade processual e sua instrumentalidade, 44

6.2 Identificação do procedimento e seu acompanhamento, 47

6.3 Tramitação diferenciada e solução instrumental, 50

6.4 A prioridade no julgamento dos recursos, 53

6.5 O princípio da economia processual e a tramitação prioritária, 54

7 **A Prioridade: Solução e suas Consequências, 57**

7.1 O monitoramento processual prioritário, 57

7.2 A natureza do benefício e sua individualidade, 59

7.3 A prioridade como problema jurisdicional, 61

7.4 Congestionamento e vantagens do benefício, 64

7.5 Renúncia ao benefício e sua validade, 67

8 **Considerações Finais, 71**

9 **Anexos (Lei nº 10.741/2003 e Lei nº 12.008/2009), 75**

Jurisprudência, 107

Bibliografia, 115

Apresentação

O aspecto essencial da disciplina legal enfoca o diploma normativo nº 12.008/09, cuja finalidade foi de permitir prioridade na tramitação de processos, à luz do Estatuto do Idoso.

Esta regra se aplica *ope legis*, mesmo de ofício pelo juízo, bastando tenha conhecimento a respeito da faixa etária e sua comprovação documental no procedimento comum ou eletrônico.

Mostra-se a precisão cirúrgica da norma que estabelece idade de 60 anos, em termos de prioridade, porém sem transparência a respeito da prática e qual a diferença na solução do litígio entre o processo desta natureza e aquele comum.

Motiva-se que a tramitação prioritária consubstancie prazos menores e cumprimento efetivo da pretensão, podendo a parte favorecida situar-se no polo ativo ou passivo da demanda.

Quando houver litisconsórcio, e um dos componentes demonstrar idade igual ou superior a 60 anos, todos serão favorecidos indistintamente, não se cogitando do desmembramento do processo, de forma isolada, a pretexto de privilégio exclusivo.

Em primeiro grau, a tramitação prioritária pode ser conferida em relação à juntada de petição, encaminhamento à conclusão, despacho de rotina, etapa do saneamento, e mesmo julgamento antecipado.

Nos juizados especiais ou de pequenas causas, atenção maior diz respeito à marcação de audiência, ou concentração de atos, atentos aos princípios da oralidade e informalidade.

Dúvida surge se quando se depara com o processo prioritário em segundo grau, ou ainda no Superior Tribunal de Justiça, ou mesmo no

Supremo Tribunal Federal, a ordem cronológica de entrada estaria sujeita à classificação e separação para inclusão lícita de tramitação pela via rápida.

Confessa-se, contudo, uma dificuldade imensa nesta atribuição, na medida em que tantos outros processos ocupam idêntica posição, não havendo critério de seleção eletrônica, para a chamada dos feitos, simples tarja de anotação de prioridade.

Irradia-se, pois, a necessária preocupação, sob o prisma administrativo, pautando conveniência e oportunidade de se conseguir clareza na tramitação dos feitos, sob os auspícios do diploma legal mencionado.

A decantada morosidade da justiça seria minimizada se houvesse efetiva aplicação da norma, acalentando esperanças em relação aos idosos e também portadores de doenças consideradas graves, os quais fazem jus à jurisdição em tempo real.

O histórico processual registra 90 milhões de processos em tramitação, nas justiças comum e especializadas, o que daria uma média de um processo a cada dois brasileiros, índice extremamente preocupante, se considerarmos a taxa de congestionamento marcante.

De mais a mais, a crescente evolução do envelhecimento da população, somada ao abandono da terceira idade, traz dados ainda mais relevantes, haja vista que a maioria dos aposentados sobrevive de pensões e soldos, e necessitam reivindicar seus direitos contra o governo ou grandes empresas por meio da justiça.

Identifica-se, pois, que a Lei nº 12.008, de 29 de julho de 2009, alterando o art. 1.211-A do CPC, teve por escopo alargar a base de acesso e a tramitação prioritária em relação ao idoso.

Discute-se, sob o prisma da efetividade, qual o significado da tramitação prioritária, a fim de que não caia no vazio, ou se torne letra morta.

Verdadeiramente, a importância do tema também se relaciona à concretização do direito e à possibilidade de usufruí-lo, capacitando a infraestrutura judicial, em hipóteses dessa natureza, a priorizar a tramitação.

Essa dicotomia poderia perder sua eficácia, entre o tempo real e aquele efetivo, diante da morosidade constante da justiça e da percepção no sentido de que a tramitação prioritária produzisse frutos visíveis.

O Autor

1

Introdução

O congestionamento do fluxo processual brasileiro é indesmentível, comprovado mais de perto pelas seguidas alterações do Código de Processo Civil, inclusive pelo projeto atual do Ministro Luiz Fux.

Entretanto, o que precisamos atacar é a causa, e não a consequência, do problema na medida em que a situação nacional desenha gargalos e problemas infraestruturais que necessitam de maior atenção.

Visando priorizar o tratamento, o art. 1.211-A do CPC preconizou tramitação especialíssima ao idoso e à pessoa portadora de doença, com base no Estatuto do Idoso, a Lei nº 10.741 de 1 de outubro de 2003, tendo a Lei nº 12.008, de 29 de julho de 2009, apresentado perfil peculiar ou próprio à circunstância dos procedimentos judiciais.

Ao tratarmos deste assunto, sem sombra de dúvida, procuraremos externar se a tramitação é ficção ou realidade, na observação cotidiana dos tribunais e na ritmização de seu efeito prático.

Concretamente, a prova documental, por si só, confere prioridade na tramitação, porém, diante da montanha de processos que se avolumam constantemente, a indagação que se faz diz respeito àqueles que fazem jus ao benefício e como poder retirar proveito próprio.

Em linhas gerais, a sedimentação da matéria, agora, encontra nova realidade, alcançando as pessoas de idade igual ou superior a 60 anos, aquelas portadoras de deficiência, física ou mental e demais doenças especificadas.

Sobredita prioridade, sem dúvida, não encontra dificuldade na sua concessão, cujo ônus da prova é do interessado, porém não há mecanismo suficiente para acompanhar e analisar se efetivamente o benefício, na prática, funciona.

O principal fundamento deste trabalho, portanto, proclama a necessidade de uma tramitação especial, a exemplo de outros procedimentos, para que idosos e deficientes, portadores de alguma doença, não enfrentem a rotina da denominada eternização do processo.

As vicissitudes ficam mais expostas quando se demanda contra o Poder Público, principalmente a partir do momento no qual o pagamento é feito mediante precatório, e o simples ganho da causa não traduz a realidade de sua efetividade.

Bem nessa digressão, avaliamos, com o espírito desarmado, a regra da prioridade na tramitação, desenvolvendo assim tema que desafia a interpretação da legislação e sua correspondente visão da realidade.

2

Os Princípios Constitucionais da Efetividade

2.1 O tempo razoável de duração do processo

Proveio da EC nº 45/2004, no seu contexto, a disciplina preconizando o significado da razoabilidade da tramitação processual e sua repercussão em termos de adequação aos casos envolvendo pessoas idosas e aquelas portadoras de doenças.

Com bastante propriedade, o princípio constitucional, verdadeira cláusula pétrea, de forma emblemática e perene, simboliza real conquista para as pessoas, em particular aquelas que dependem de proteção jurídica e postulam, na Justiça, as garantias relativas ao conflito de interesses.

Impregnada a Lei Maior desse embasamento fundamental, como caráter sistêmico, todos os demais princípios devem seguir a regra para se coadunar com a infraestrutura e o tempo de duração razoável da demanda.

Não há razão para se cogitar que sobredito elemento cairia na vala comum, no terreno da abstração, porquanto deve-se ter, em princípio, o norte da matéria e aquilo que se deseja para formação do livre convencimento.

Quando o legislador constitucional editou a ementa, na reforma macro do Judiciário, intencionou, com isso, uma revisão de conceitos, no sentido de minorar a distância entre o jurisdicionado e o Estado Juiz.

É importante destacar o papel fundamental que o CNJ desempenha no organograma e na regulamentação da hipótese, haja vista que sua percepção apresenta mudança e padroniza a forma de agir, principalmente para monitorar os problemas e causar o descongestionamento do trânsito processual.

No caso específico, da tramitação prioritária, relevante ponderar que a norma constitucional é o princípio fundamental, ao lado do Estatuto do Idoso, acompanhado do Diploma Normativo que permeou, em relação às pessoas contando com 60 anos ou com problema de saúde, a denominada "tramitação prioritária".

Buscou-se, com tudo isso, na sua fenomenologia, o aspecto da efetividade, porém, diante da extensão territorial do País, da diversidade entre justiças estadual e federal, de recursos financeiros, tudo passa a ser uma incógnita.

Na raiz do problema, pouco se debate, apenas, de forma paliativa, existe uma série de ações, as quais não combatem as mazelas e muito menos eliminam adversidades históricas, as quais desmotivam o jurisdicionado e eternizam a solução da causa.

Ponto primeiro que poderia ser invocado se refere à atuação do Estado, não como aquele que implementa, por ser o gestor da política pública, mas na condição de parte processual.

O discurso é bem elaborado e muito apropriado, porém, na prática, o que se identifica é a enorme dificuldade, em razão dos privilégios que possuem, porquanto, Município, Estado, a União e autarquias, inclusive com relação ao duplo grau de jurisdição, obrigatório, reexame necessário, causando complicações no reconhecimento do direito dos demandantes.

E para se sepultar de uma vez por todas essa anomalia, temos os precatórios, cujos pagamentos não obedecem ao tempo preconizado, sem qualquer repercussão na atualização, provocando desconfiança e infindáveis ações de sequestro ou pedidos de intervenções.

Fica então a grande dúvida, sendo o Estado o último a pagar, e o primeiro a cobrar, qual seria a fórmula adequada e razoável para que o princípio constitucional fosse rigorosamente obedecido, exceto se os tribunais, notadamente o STF e o STJ, agissem com maior rigor e impedissem as chicanas que frustram os pagamentos e descumprem as ordens cronológicas.

Entretanto, feita a radiografia de natureza constitucional, a qual participa, na sua essencialidade, a renovação da máquina judiciária e sua adequação aos interesses dos idosos e doentes, devem os responsáveis controlar e fiscalizar a efetividade da regra insculpida da Lei Maior.

2.2 O idoso e o doente na concepção jurisdicional

Deixando de lado a postergação na prestação efetiva da tutela jurisdicional, o legislador ordinário, em sintonia com o princípio fundamental constitucional, preocupou-se em atender, simultaneamente, idosos e pessoas que não gozam de bom estado de saúde.

Foi assim, pois, que disciplinou, em ambas as hipóteses, a intitulada tramitação prioritária, a qual, sem dúvida alguma, ainda não recebeu devido tratamento e a melhor atenção da primeira e segunda instâncias.

Forte nesse aspecto, folgo em dizer, inequivocamente, que a grande maioria dos cartórios não ostenta no sistema o evento dos processos prioritários, sob a égide da legislação em vigor.

A infraestrutura precária faz com que o elemento humano apenas registre na capa essa situação, o que não é muito satisfatório, experimentando reformulação na percepção do processo eletrônico.

Com o advento da era informatizada, mais cedo ou mais tarde, tornado realidade em todos os tribunais e instâncias do País, o registro de prioridade deverá obter um ícone especializado para a tramitação efetiva e a observação no CNJ sobre vicissitudes.

Em linhas gerais, falta um padrão, critério, a destacar o tempo de duração razoável daqueles procedimentos envolvendo idosos e pessoas doentes, mas tudo isso oportunizará uma intervenção pontual do CNJ para pôr fim à celeuma e reduzir a discussão.

Não se pode tangenciar o problema, ou simplesmente apagá-lo da memória, quando, em primeiro grau, o processo cai na vala comum e, em segunda instância, permanece no acervo, em ambos os casos, sem qualquer acesso ou a possibilidade de se imprimir o ritmo consentâneo.

Evidentemente, nessa ordem de raciocínio, já na distribuição dos procedimentos, a prioridade deferida pelo juízo ficaria indissociavelmente ligada à causa, até o seu término.

Na hipótese de o benefício de tramitação prioritária acontecer no segundo grau de jurisdição, ou depois da sentença, naturalmente deveria ser configurado no modelo em papel ou eletrônico, seguindo-se a determinação do relator.

O norte da situação, envolvendo também ações originárias nos tribunais superiores, deveria desaguar na mesma sinalização, para efeito de combater a demora e, notadamente, descumprir o prazo de duração razoável.

Naquelas demandas de inconstitucionalidade, de repercussão geral, recursos repetitivos, afetos ao STJ e STF, todos esses casos deveriam observar, atendidos seus pressupostos, a tramitação prioritária.

O simples fato de ser idoso, ou ser portador de doença comprovada, sem bom estado de saúde, por si só, não desencadeia a efetividade da tramitação prioritária do processo.

Com razão, sinalizada a prioridade, a questão que se coloca é no sentido de uma vertente estabelecendo, com razoabilidade e proporcionalidade, aquilo que se denomina tempo razoável de duração.

Concretamente, para a pessoa idosa portadora de doença, em ambas as hipóteses, não se admite que uma causa, como tantas outras, possa percorrer uma década e, mais grave ainda, ao vencê-la, sendo o Estado condenado, esperar igual período para recebimento.

O País atravessa uma fase maior de desenvolvimento e crescimento, acarretando, com isso, crescimento plural das demandas; assim, quando se pensou na implantação dos juizados, a ideia primacial seria verdadeira solução para o exercício da cidadania e redução das anomalias.

Ledo engano.

O gargalo é bem maior do que se imaginava e extremamente complexo, diríamos que existem várias portas abertas para ingresso no judiciário, mas um verdadeiro labirinto na saída, o que implica numa infraestrutura adequada.

Não existindo, surge o tormento do direito de ação não correspondido, demora na marcação de audiência, pautas sobrecarregadas e, mais incrível ainda, em certos assuntos e matérias, a maioria das demandas é de pessoa idosa.

Localiza-se essa circunstância nos juizados previdenciários, sendo correto afirmar que a quase totalidade das ações abrange pessoas idosas e muitas delas debilitadas, com problema de saúde.

Consequência indesmentível repousa em cômoda vazão à situação, quando a clientela é idosa, infraestrutura imprópria, e a Seguridade Social, nada obstante as decisões dos tribunais superiores, insiste em recorrer.

Definitivamente, apresenta-se um quadro teórico animador e auspicioso, o qual, na prática, se altera completamente diante dos percalços da administração judiciária, dos reveses que permeiam a tramitação processual, colocando no limbo a sua própria expressão prioritária.

A legislação deve ser definida como razoável e racional quando apresenta validade e eficácia, não podendo seu criador, o próprio Estado, minar a sua efetividade, em descompasso com a disciplina normativa.

No pensamento que se extrai de Carlos Roberto Siqueira Castro,[1] reportando-se à Chiovenda, pois, o Estado Moderno considera a função social respectiva administração da Justiça, aplicação da lei ao caso concreto, situação de extrema importância para se debelar problemas que envolvam relações intersubjetivas e aquelas de conotação difusa.

2.3 Dever do Estado, direito da parte

Aspecto essencial na diagramação do assunto diz respeito ao direito do idoso e daquele portador de doença de exigir a tramitação prioritária, não como forma abstrata, mas sim de maneira concreta à prestação jurisdicional efetiva.

Consolidada a norma constitucional, como pano de fundo, é dever do Estado manter serviço jurisdicional ao alcance dos idosos e portadores de moléstias, por meio dos juizados, comum ou especializado, e alternativas as quais se coadunem com suas necessidades.

Ponto extremamente vital a simbolizar o sentido da tramitação prioritária se refere ao elemento de transparência e clareza na tramitação do processo judicial, de tal modo que o idoso, ou a pessoa adoentada, ambos possam requerer a efetividade estigmatizada.

Nessa linha de pensar, apenas o balizamento do CNJ poderá encurtar etapas e dissipar dúvidas a respeito daquilo que se chama tempo de duração razoável do processo concernente aos idosos e doentes.

Evidente que não se pede uma regra fechada, sem parâmetro, mas flexibilização razoável que evite percalços que permitam aos demandantes o cumprimento do preceito constitucional.

Não teria sentido, minimamente, o Estado buscar radiografar direitos inerentes aos idosos e doentes e, ao mesmo tempo, dissuadi-los de encontrar a justa solução da causa.

---

[1] CASTRO, Carlos Roberto Siqueira. *O devido processo legal e os princípios da razoabilidade e proporcionalidade*. 5. ed. Rio de Janeiro: Gen Forense, 2010.

Desta forma, o Estado daria com uma das mãos, a tramitação prioritária, e com a outra retiraria o direito inerente à tramitação prioritária, no pressuposto do descumprimento de sua obrigação por motivos financeiros e de outra natureza.

A extrema penúria de milhões de brasileiros fez com que o governo se preocupasse com um programa denominado Miséria Zero, o qual traz, na sua índole, a erradicação da pobreza e a melhoria da condição de vida para a dignidade humana.

Entretanto, é muito pouco, sem a exata distribuição de renda e justiça fiscal, daí por que milhares de ações são ingressadas na esfera dos direitos de saúde, representando cidadãos indefesos e sem recursos financeiros para o custeio de suas patologias.

É bastante comum, ao ser apresentado o pedido, por idoso ou pessoa portadora de alguma doença, o deferimento da tutela para que o Estado forneça medicamento e, eventualmente, tratamento.

Contudo, a despeito da liminar, vai uma enorme distância inspirada na boa-fé, sendo que o agente político, da Administração Pública, normalmente dificulta e causa irreparáveis danos à saúde, na medida em que retarda o cumprimento da decisão judicial.

Dessa maneira, portanto, erige-se o princípio constitucional, catalogado na seara de direito que permeia entre idosos e pessoas doentes, podendo exercê-lo irrestritamente, submetendo ao Estado o dever de cumpri-lo.

Sistematicamente, deve existir coerência e, mais do que isso, harmonia para que o Estado, ao elaborar a carta política de 1988, com a transformação das Emendas Constitucionais, não pulverize os direitos assegurados.

Folgo em dizer que todas as vezes que o Estado, em sentido amplo, exerce o direito de recorrer, pura e simplesmente, tendo de antemão o pensamento da jurisprudência, súmulas e enunciados, ele contraria frontalmente a razão de ser da tramitação prioritária.

Independentemente de outro substrato, fundado apenas na questão financeira e na sua rebeldia de não querer cumprir o ordenamento jurídico, o Estado atrasa nos pagamentos dos precatórios e coloca em risco aqueles que teriam direito, já reconhecido, simplesmente por uma questão orçamentária e de prioridade da alocação de recursos.

Injustificável e inexplicável que se mantenham cidadãos na penúria, redistribuindo a pobreza, em progressão geométrica, e concentrando a riqueza aritmeticamente, de tal sorte a provocar, via reflexa, elevado número de ações para que se respeite a coisa julgada.

Efetivamente, somente existirá o conceito de tramitação prioritária quando o Estado abdicar de condutas que penalizam a cidadania e reduzem as expectativas dos idosos e doentes de receberem seus créditos, ou adequada medicação.

De nada adianta atribuir prioridade na tramitação, com velocidade no andamento da causa, se mais na frente, portanto, o próprio Estado debela a capacidade de recebimento, por meio de recursos e outras discussões inócuas.

A fim de imprimir ritmo coerente com a regra constitucional, com o Estatuto do Idoso consolidado pela Lei nº 8.842, de 4 de janeiro de 1994 e também com o Código de Processo Civil, o Judiciário deveria reconhecer a figura da litigância de má-fé e, também, sancionar perdas e danos.

As circunstâncias plurais expostas apresentam latitude e implicam na impossibilidade da consolidação do direito evidenciado pela coisa julgada, daí por que a litigância de má-fé torna-se medida necessária, enquanto perdas e danos, naturalmente, desestimulam o Estado de sua recalcitrância.

Registre-se que apenas a imposição de sanções terá o espírito fundamental de demover o Estado de retardar o cumprimento da decisão, ou de recorrer interminavelmente, sem pagar, conforme lhe é devido, os respectivos precatórios.

A dicotomia implica na interpretação dialética e, por seu intermédio, repousa cristalino o direito de exigir que a tramitação prioritária, regra geral, abarque toda a causa e também o respectivo cumprimento.

Desenha-se o dever do Estado de cumprir o regramento e não criar artificialismo, ou mero pretexto para atenuar sua responsabilidade e, consequentemente, diminuir as chances da efetividade jurisdicional.

2.4 O artigo 5º, inciso LXXVIII, da Constituição Federal

Reza a Constituição Federal, em seu art. 5º, LXXVIII, de maneira clara e transparente, introdução feita pela EC nº 45/2004, aspecto relevante relativo à duração razoável do processo.

Em termos de tramitação prioritária, a expressão se associa com maior razoabilidade, na medida em que se justifica o conhecimento, para efeito de deferimento, da idade comprovada ou da moléstia caracterizada.

O princípio norteador se aplica nos processos administrativo e judicial, sinalizando a garantia da celeridade de sua tramitação, fato que merece maior análise para se investigar o seu real escopo.

Com efeito, o legislador constitucional, preocupado com a reforma do Judiciário, assinalou a duração razoável e competir a todos, indeterminadamente, zelar pela celeridade da respectiva tramitação.

Basicamente, a norma traz como destinatários todos aqueles que estejam envolvidos direta ou indiretamente no encaminhamento do procedimento administrativo ou do processo judicial, coroando efetividade e, aglutinada a ela, a duração razoável.

Quando o legislador invocou e se reportou a todos, não fez excluir, por óbvio, as pessoas envolvidas e relacionadas com o andamento da causa, assim, por exemplo, no processo eletrônico, dependendo o documento de digitalização, a responsabilidade pertine ao servidor.

De fato, toda a estrutura que mapeia o andamento do processo baseia-se na transparência, ampla informação, sequência lógica que possa imprimir desfecho, cuja solução preencha os requisitos de forma e de fundo.

Priorizada a efetividade, notadamente, de forma genérica, sua percepção particular toma corpo nos procedimentos nos quais o idoso e também portador de moléstia participam.

E acentuamos, ao longo da análise, que a posição de parte não fora galvanizada exclusivamente para o sujeito ativo, podendo se espalhar para aquele que ocupa o polo passivo, terceiros intervindo na lide, assistente litisconsorcial, consoante o interesse debatido.

Basta mencionar numa determinada demanda na qual se preconize ação declaratória de inexigibilidade da obrigação, cujo credor, pessoa com mais de 60 anos de idade, a par da contestação, apresenta reconvenção, sendo nítido o seu interesse de se imprimir prioridade na tramitação para solução da causa.

Descortinado esse ângulo, a rigor todas as causas deveriam ter um resultado predominantemente eficiente e daquilo que se chama "previsibilidade", entretanto, fatores outros minimizam a eficácia da norma constitucional, na eternização do litígio.

Exteriorizado o sentido essencial da tramitação prioritária, o dispositivo se aplica sempre que houver, no caso de idoso ou portador de moléstia, a comprovação, no início da lide, ou durante a sua tramitação.

Cabe-nos, no entanto, o discernimento para tentar analisar com propriedade o tempo razoável de duração da lide prioritária.

Não há uma regulamentação rígida a respeito do assunto, porquanto a lógica do procedimento e fatores imponderáveis podem influenciar, tudo dependerá da estrutura judiciária, seu funcionamento e da complexidade da causa.

Generalizar as demandas em torno de uma tramitação de uma década fere o bom senso e causa desgaste irreparável na posição do jurisdicionado, donde aparece com maior intensidade corrente doutrinária que sustenta a responsabilidade do Estado pela demora na solução da causa.

Tema instigante e muito recorrente acerca da responsabilidade objetiva do Estado quando o procedimento se arrasta e não cumpre o seu papel fundamental atrelado à norma constitucional.

Séria resistência se forma a respeito do assunto, haja vista a dificuldade de configurar o aspecto da letargia ou leniência, e mais do que isso, se demonstrar o efetivo prejuízo experimentado pela parte.

Entendemos, salvo melhor juízo, que a responsabilização do Estado não pode ser, em tese, descartada, servindo como valioso remédio para refrear a sua inoperância e colocar meios à disposição da cidadania.

Ao contrário de países de primeiro mundo, cujas estruturas judiciárias são mais flexíveis, levando em conta diversos fatores, aumento populacional, número de causas, no Brasil, a cada ano que se passa, os concursos recrutam menos promotores e juízes, ainda que tenhamos o maior número de faculdades de direito do planeta.

Paradoxalmente, o crescimento aritmético vertiginoso se fundou na aprovação de cursos, a maioria deles da iniciativa privada, ambicionando pura e simplesmente o lucro, sem atender a formação profissional ou o próprio mercado de trabalho.

Destarte, quando faltam funcionários, Magistrados, a estrutura é deficiente, as juntadas de petições demoradas, a digitalização de documentos um verdadeiro suplício, audiências adiadas ou remarcadas, tudo isso faz com que questionemos diretamente a responsabilidade do Estado perante a administração da justiça.

Os recursos financeiros disponibilizados sempre se mostram insuficientes e as carências se multiplicam, sequencialmente, na medida em que as causas não são combatidas e as consequências paliativamente resolvidas.

Dito isso, cumpre afirmar que o postulado constitucional tem incidência plena na prática dos processos que tramitam envolvendo idosos e pessoas portadoras de moléstias, as quais devem exigir julgamento conforme duração razoável.

E não pode a administração sonegá-lo a pretexto de estar adiante da mesma situação perante a natureza da causa, a exemplo do juizado previdenciário, isso porque o Estado é obrigado a municiar a administração da justiça, sob pena de configurar sua omissão.

Fundamental destacar que a tramitação prioritária, subprincípio da efetividade processual, ajustada à causa e aglutinada à matéria, sintetiza o pensamento para que se tenha, minimamente, uma revelação transparente por intermédio dos dados colhidos pelo CNJ.

O que pretendemos aflorar em termos concretos significa que o órgão regulador necessita de uma planilha, contendo banco de dados, coletando as informações das justiças federal e estadual, relacionadas à causa de forma geral.

Bem nessa visão, o jurisdicionado teria um parâmetro daquilo que se denomina tempo razoável do processo, subsídio confiável para tentar fazer cumprir o preceito de ordem constitucional.

Não é possível se imaginar que, dentro do mesmo Estado da federação, causas idênticas tramitem com enormes dessemelhanças, essa assimetria pode ser imputada a diversos fatores.

Efetivamente, se em um acidente de veículos, em determinada Comarca, a demanda está resolvida em menos de um ano, e com a mesma presteza, não se admite que em outra, de menor número de habitantes e volume de processos, leve anos a fio.

O grande desafio da norma constitucional é tornar efetiva aquela ordinária e, consequentemente, o modelo somente poderá ser implementado acaso não careça de metodologia e parâmetros confiáveis.

2.5 Processos administrativos e judiciais

Dissemos, com muita ênfase, que a todos interessa a duração razoável do processo e sua consecução de efetividade, na esteira pacificadora, de conciliação do litígio, e na redução do quadro de instabilidade entre os litigantes.

Ao próprio Estado, diretamente, e aos demais cidadãos, indiretamente, a todos compete contribuir para que a tramitação obedeça sua diretriz de razoabilidade e não se torne, pelo decurso do tempo, verdadeiro pesadelo.

Sabemos, e todos igualmente, que a demora na tramitação dos procedimentos administrativo e judicial reduz os investimentos, prejudica a feitura de negócios, serve de obstáculo aos empresários e afugenta o capital estrangeiro.

Nessa esteira de pensar, na esfera administrativa, mais de perto, nos procedimentos de ordem tributária, muitas vezes as questões levam anos e sem uma solução, além do que não estão cobertas pela coisa julgada, desaguando, invulgarmente, para a seara judicial.

Destarte, uma empresa que precisa conhecer os procedimentos e saber como funciona seu sistema operacional não pode aguardar tanto tempo e, mais do que isso, o conflito de decisões, gerando insegurança.

A válvula de escape sedimenta que a tramitação razoável é princípio comum e inafastável dos procedimentos administrativo e judicial, donde a preocupação em maior escala de o Estado ter infraestrutura condizente.

Os milhares de conflitos administrativos, tributários que percorrem o escaninho de suas decisões, repercutem desfavoravelmente, inclusive em termos de arrecadação e receita, além do que, sempre que vencido, o contribuinte escala a via judicial para tentar uma nova oportunidade.

Sobreditas matérias tributárias, nas esferas administrativa e judicial, percorrem mais de uma década, e algumas vezes tempo superior, inibindo a possibilidade de cobrança ou do interesse da empresa de fazer os seus investimentos.

Ao reconhecer que a máquina administrativa contempla falhas e aquela judicial não se mostra azeitada, intencionou o Estado reduzir o conflito e, no campo tributário, incentivar o refinanciamento da dívida.

Comportando-se dessa forma, nada mais simbolizou o governo, apoiado em medidas adotadas, do que enaltecer a via conciliatória, em detrimento das discussões administrativas e dos conflitos judiciais.

Insere-se, entretanto, em termos mais profundos, saber por que o índice de adesão é elevado e menor aquele de cumprimento da obrigação, o que se explica, no mais das vezes, pela alta carga tributária.

Desorganização estatal, somada ao volume de serviço, são predicados que permeiam a atividade estatal, mas que não refletem precisamente o essencial da atividade empresarial, de tal modo que tudo preconiza cláusula pétrea, com pequena irrigação para os vasos laterais, ou seja, o compartimento estanque da justiça.

Melhor seria que o Estado se reorganizasse e dispusesse de uma estrutura administrativa adequada, em algumas regiões vigora o procedimento eletrônico administrativo, porém, a ferramenta eletrônica deve ser acompanhada de menor burocracia e da rapidez na agilização do julgamento.

Então, pergunta-se qual seria o papel do interessado no procedimento administrativo, e também naquele judicial para o resultado da duração razoável almejada?

Na esfera administrativa, a capilaridade é menor e, diante disso, o volume é proporcionalmente maior em função das infrações lavradas e dos procedimentos internos abertos, no entanto, naquela de ordem judicial, sem querer comparar, existe uma possibilidade, ainda que remota, de se dialogar com o órgão julgador para reduzir a demora.

O dissabor causado pela falta de decisão em atenção à matéria administrativa causa inúmeros desencontros, fazendo com que a empresa realize um balanço muitas vezes provisionado, desconhecendo, em profundidade, o passivo tributário.

Perpassada a questão e situada a realidade societária, enormes problemas surgem na cessão de quotas ou venda do ponto, ou transferência do estabelecimento, exatamente pela falta de elementos relativamente ao passivo tributário.

De fato, quando o administrador transfere o negócio, no balanço fará constar a questão em discussão de um auto de infração, não sabendo a data, e não podendo precisar quantos anos o assunto ainda percorrerá o caminho judicial.

Resumidamente, os sobressaltos emergentes da matéria também ressoam no conflito judicial, a inclusão do nome da empresa no CADIN é algo que sempre repercute negativamente, a garantia do juízo, a efetivação da penhora, disponibilização de precatórios para fins de constrição, questões recorrentes, as quais qualquer demora maior é prejudicial ao interesse em disputa.

Esse paralelismo traçado, do tempo razoável de duração do processo e da tramitação prioritária específica, nos casos de idosos e também pessoas portadoras de moléstias, igualmente afeta a atividade empresarial, quando as sociedades não recebem adequado serviço público pela demora na apreciação de questão judicial.

Consabidamente, a celeridade apregoada pelo legislador constitucional em nada corresponde à realidade plural da atividade jurisdicional, na medida em que ao serviço público não se confere muita relevância, carente de recursos, estrutura deficitária, sem um planejamento de longo prazo.

Acalenta-se uma reviravolta para que o Estado possa responder nos limites da estrutura constitucional pelo desserviço que vem prestando, tanto na esfera administrativa, quanto judicial, ao longo dos anos, o que inibe investimentos, retira de alguns Estados várias empresas, colocando em risco o emprego.

Os benefícios e vantagens colhidos pelos empresários de vários segmentos fizeram com que resolvessem reduzir o parque industrial, quando não eliminá-lo, buscando salvaguardas fiscais e tributárias em países que favorecessem a produção e não se preocupassem, exclusivamente, com a arrecadação tributária.

3

O Estatuto do Idoso e a Prioridade da Causa

3.1 O significado da Lei nº 8.842/94

O fragmento constitucional da duração razoável veio corroborado pelo Diploma Normativo nº 8.842, de 4 de janeiro de 1994, fincando as raízes sólidas para consolidação do Estatuto do Idoso.

A mencionada legislação, revestida de 22 artigos, ao tempo de sua elaboração, preocupou-se em definir políticas públicas associadas à terceira idade, mediante tutelas individuais ou coletivas.

Foi pensando nessa arquitetura que o legislador ordinário implantou para as pessoas contando com 60 anos de idade, uma vez comprovada a situação, a tramitação prioritária da causa.

Emblematicamente, o Estatuto do Idoso correlacionou medidas a serem implementadas em diversas áreas, tomando como norte a relevância do pretérito e uma inclusão de prerrogativas, as quais estão ligadas à própria essência da sociedade e dos ditames governamentais.

Embrenhando-se pela atitude de salvaguardar a terceira idade, e dela não se distanciar, ocupou-se o legislador, na feitura do Estatuto do Idoso, de traçar normas programáticas, mas de conteúdo prático.

Desenvolvendo essa perspectiva, na área da justiça, introduziu a promoção e defesa dos direitos da pessoa idosa e, ao mesmo tempo, pela efetiva aplicação das normas, evitando abusos e lesões a seus direitos.

A concretude real, longe da previsão constitucional, e distante do Estatuto do Idoso, demonstra efetivo descasamento, na medida em que o Estado apenas consagra direitos formais, sem, entretanto, zelar pelo seu cumprimento.

Há quase um abandono completo da sociedade, e principalmente do Estado, em relação ao idoso, o que vemos na área da saúde, dos abrigos, do transporte, irremediavelmente dificultando sua locomoção e condições dignas de vida.

Falta uma política pública destinada ao idoso e, na seara da justiça, apesar da preocupação, o que se verifica, na realidade, é que o processo entra para a vala comum e a tramitação prioritária sinaliza incógnita.

Tudo dependerá da boa vontade do juízo e da estrutura do cartório para atender à solicitação e às medidas proporcionadas pela legislação em vigor, isso quando, diante daqueles planos de saúde, invariavelmente o idoso não consegue marcar consultas, ter pronto atendimento, ou conseguir guia de internação.

Indesmentível, portanto, que o conjunto de normas sequer foi capaz de criar uma mentalidade que se entrosasse, em sintonia fina, com o art. 1211-A, do Código de Processo Civil, cuja redação, disciplinada pela Lei nº 12.008, de 29 de julho de 2009, ainda padece de alcance efetivo.

Com razão, o governo, sensibilizado com o Estatuto do Idoso, reformulou a perspectiva etária e a reduziu para 60 anos, disciplinando com mais argúcia a terceira idade e a regulamentação do processo administrativo e daquele judicial.

Inspirou-se o legislador ordinário, nessa quadra, pela construção da política nacional do idoso, revendo a Lei nº 10.173, de 9 de janeiro de 2001, assegurando à pessoa idosa, com idade maior ou superior a 60 anos, tramitação prioritária.

O substrato permite concluir que a prioridade deferida alcança qualquer instância, e, por seu intermédio, a movimentação que decorre da tramitação do procedimento exige agilidade e a esperada celeridade.

O advento do Estatuto do Idoso foi o verdadeiro marco regulatório e procurou o legislador, quando elaborou a Lei nº 12.008, reduzir o tempo de duração do procedimento e, com isso, respeitar os direitos da terceira idade.

Teoricamente, o respeito fora revelado; contudo, na prática, o que constatamos é o total desrespeito aos direitos e garantias dos idosos, notadamente no campo jurídico, matéria do consumidor, plano de saúde, fornecimento de remédios e quaisquer outros assuntos correlacionados.

Na interpretação precisa da disciplina elaborada, a mesma seria até supérflua se houvesse consciência e tratamento humanitário dispensado;

provavelmente, sabendo de suas limitações e falhas, o Estado envernizou seu papel por meio do diploma normativo.

Enfim, e na toada abordada, partindo da regra constitucional, passando pelo Estatuto do Idoso e alcançando, por atingir, a Lei do Rito, sob o nº 12.008/09, transcorrido mais de um biênio de sua vigência, o impacto fora restrito sem ambicionar maior latitude.

3.2 O estímulo à consolidação do direito do idoso

Harmonizados os direitos e garantias da pessoa idosa, transplantados para a Lei de Tramitação Processual, arts. 1.211, A, B e C, respectivamente, ressoa relevante destacar que as políticas públicas convergiram na estruturação de uma realidade compatível com a posição do idoso.

Normalmente, em termos gerais, a grande maioria que se aposenta, e consoante a Lei da Seguridade Social, recebe parcos benefícios previdenciários, o grande contingente na casa de cinco salários-mínimos, chegando a minoria até dez, se mostra impraticável no contexto inflacionário e daquilo que o Estado oferece em termos de coletividade.

Diríamos que o Estado do bem-estar social, muito presente em determinadas situações de países desenvolvidos, hoje retraiu-se ao máximo, com a menor intervenção possível e a descentralização da atividade, por meio de concessões ou contratos que reduzem o mecanismo do aparelho estatal.

A consolidação dos direitos e garantias dos idosos, em um país emergente, de graves contrastes sociais, que luta para debelar a miséria e o estado geral de pobreza de milhões de brasileiros, desenha situação inusual.

Com efeito, existem limitações que superam a mera vontade do agente público, relacionadas com os cortes orçamentários de despesas, cuja estrutura federativa proporciona a concentração de recursos e a dependência cada vez maior dos Estados da federação.

Nesse diapasão, o regramento em torno do idoso floresce muito rico de detalhes e bastante especificado na denominada "política pública", a qual enfrenta desafios e obedece a uma ruptura na efetividade concreta pretendida.

Aflorando a percepção extraída da pessoa idosa, contando com mais de 60 anos, ou que comprove deficiências física e mental, a exemplo de doenças graves, a título de esclerose múltipla, neoplasia maligna, hanseníase, paralisia, efetivamente sucede inadiável o comprometimento da estrutura judiciária para se evitar não apenas a morte do direito, mas o próprio óbito do interessado.

Delimitado esse âmbito que sinaliza esboço constitucional, pressuposto do Estatuto do Idoso e com forte leque de repercussão na Lei nº 12.008 de 29 de julho de 2009, tem-se que aqueles que contem com idade igual ou superior a 60 anos deverão ser segregados da fila de espera e mantidos num corredor especial, sujeitos a tratamento diferenciado.

Em que medida o Estado, oportunizando direitos e garantias ao idoso, na prática, consolida e concretiza o conjunto de normas?

Poderemos afirmar, sem receio de errar, que o Estado mantém completo desleixo e total alheamento da previsão constitucional e da disciplina visando proteção ao idoso.

Define-se, por intermédio desse caminho, uma total falta de bom-senso e razoabilidade, porquanto ao conferir direitos fundamentais à terceira idade, irremediavelmente bloqueia a consecução quando não oferece meios ou permite que a tramitação prioritária se torne regra.

O mais dificultoso ainda se corporifica no discernimento para que o interessado possa exigir a celeridade e ter absoluta certeza da tramitação prioritária, uma vez que, inafastavelmente, não conhecerá com transparência toda a circunstância e, se ousar reclamar para a ouvidoria, a resposta que lhe chegará sinalizará o estado geral de coisas e a falta de estrutura na preocupação de zelar pela efetividade daquele processo judicial.

3.3 Os direitos da pessoa idosa e o processo

Na visão sempre exteriorizada pelo legislador, o idoso ocupa posição de realce e relevo, na medida em que, por seu intermédio, a sociedade simboliza pleito de gratidão e, ao mesmo tempo, a política pública se realiza.

O campo processual é fértil ferramenta para que possamos verificar, englobadamente, se a matéria constitucional, a disposição do Estatuto do Idoso, e também a Lei nº 12.008/09, em conjunto foram, na prática, recepcionadas.

Queremos com isso significar, no âmbito do processo, e na consecução da pessoa idosa, a preferência na tramitação e a subsunção à norma prioritária, como elemento e pressuposto da causa.

Sinteticamente, por intermédio dessa visão plural, o legislador atribuiu ao processo judicial no qual o idoso se encontre, transformação multifacetária que precisa de uma regulamentação do CNJ (Conselho Nacional de Justiça).

Entendemos que essa posição do CNJ enfrentaria resistência dos tribunais, porquanto, sabidamente, exporiam o conflito e ditariam a presença invasora da aplicação do regimento interno.

No entanto, sem uma especificidade melhor e uma radiografia que se coadune com o aumento gradual dos processos, ficaremos privados de subsídios, cristalizando e definindo a tramitação prioritária.

Bastaria, aos olhos do legislador, etiquetar e selar o processo para nele inserir o comando de tramitação prioritária, mas sem desenvolver ou descer a detalhes ajustados ao perfil de andamento, creio que não.

Sinceramente, dispensa-se maiores comentários ao redor do simbolismo da tramitação prioritária, isso porque representa garantia de cláusula pétrea e sua latente racionalidade independeria de qualquer outro formalismo.

Bastaria que o juízo, comprovada a idade, ou demonstrada a moléstia, em qualquer instância ou grau de jurisdição, deferisse o benefício, para que o serviço fosse contínuo e permanente, sem meias verdades, ou a tentativa de esvaziar a real finalidade perseguida.

No âmbito processual propriamente dito, raras são as vezes nas quais encontramos efetivamente utilizada e concretizada a função da tramitação prioritária; a exemplo, vamos verificar que também no procedimento falimentar existe análoga expressão.

Sopesando todas as características permeadas relacionadas à máquina judiciária e aos entraves existentes, o distanciamento pontual é comum, principalmente em grandes Comarcas nas quais não se tem o pulso da situação.

Comportaria, portanto, por meio de norma interna, que a Comarca ou o juízo disponibilizassem o elenco de processos prioritários relacionados com idosos e portadores de moléstias, a fim de que, fazendo um paralelo, se pudesse calibrar a efetividade.

Não se busca, em momento algum, a violação do sigilo, ou do segredo de justiça, para expor a realidade do processo, mas meramente técnica operacional que fosse disposta, em linhas gerais, para se evitar discussão e utilizar o caminho da racionalidade.

De pouco ou nada adianta ter a consecução da agilidade, celeridade, voltadas para a efetividade, sem que se descubra, com dados realísticos, por que, em um determinado momento, o andamento é diferente de outro setor da Administração Pública.

Pesquisas, dados científicos e normas internas refletem a circunstância material da causa e oferecem ao interessado meios adequados e suficientes para o questionamento sobre a tramitação prioritária.

Exemplificativamente, e colocando a situação com bastante clareza, se em determinado cartório fluem 100 ações de pessoas idosas portadoras de moléstias, mera consulta ao sistema permitirá saber quando foram ajuizadas e em que fase se encontram.

Dessa maneira, ainda na linha exemplificativa, se o processo que fora ajuizado posteriormente, meses a frente, já conta com o despacho inaugural, enquanto que outro pretérito assim não se acha, o jurisdicionado, diretamente, nos juizados especiais, ou pelo advogado, na justiça comum, poderá refletidamente buscar a tramitação prioritária.

Bem disposta a matéria em todo o seu leque, apenas com a transmissão da transparência do serviço público, de conotação relevante, poderá se alimentar a ideia visando alcançar a meta normativa.

Faltante esse aspecto, a maior parte da resposta será genérica e apenas abstrata, tentando explicar a morosidade, mas não justificará a razão pela qual o processo de tramitação prioritária corre a passo de cágado.

A ouvidoria e a corregedoria, simplesmente, refutam a tese e dizem que a questão tem conotação exclusivamente jurisdicional, refugindo do controle do comando, de tal sorte que a prioridade, via de regra, cai no esquecimento, ou se torna norma sem eficácia jurídica alguma.

3.4 Tutela individual e coletiva em relação aos idosos

Planejada a matéria que disciplina o assunto, repousa no seu conteúdo, a partir da Constituição, do Estatuto do Idoso e da Lei nº 12.008/09, o conjunto de medidas individuais ou coletivas prestigiando a pessoa do idoso; inegavelmente, também, na esfera administrativa igual padrão se constata.

As entidades de classe e aquelas associativas promovem ações coletivas com o objetivo de obter tutelas *erga omnes*, favoráveis às pessoas idosas, contando com 60 anos ou mais de idade.

Nesse propósito, comumente, a tutela individual não aproveita a maioria e desatende a real finalidade da norma, inspirada no preceito da ação coletiva, sinalizando, inclusive, descongestionamento da estrutura da máquina judiciária.

Na lição sempre atual de Dominique d'Ambra,[1] o objeto da função jurisdicional consubstancia dizer o direito e eliminar o litígio; contudo, a atitude também apresenta conotação preventiva, sendo correto afirmar que a solução de uma lide não pode desaguar em um novo conflito.

Destarte, o papel fundamental no qual se hospeda o contexto relacionado ao idoso parte do princípio de lhe assegurar ferramenta capaz de identificar as dificuldades, sonegações de direitos e restrições impostas, tanto pelo Estado, como também pelos particulares.

Colhe-se da interpretação definida pela política pública de atendimento ao idoso o núcleo vocacionado às matérias de seu interesse e, portanto, diminuindo o tempo de tramitação, preceito fundamental de ordem constitucional.

Infelizmente, na prática, as tutelas coletivas não se mostram frequentes, as quais evitariam dezenas de ações repetitivas e tantos outros julgamentos, priorizando uniformização da jurisprudência e capacidade de oferecer uma interpretação mais coesa.

Quando determinado poupador ajuíza individualmente demanda para obter expurgo inflacionário, diferentemente da tutela coletiva que lhe aproveita, seguramente beneficiando número indeterminado de pessoas, disso se extrai precisamente uma certa aversão ao risco.

Explica-se: as demandas coletivas trazem informações detalhadas, descortinando a posição que contraria interesses e revela necessidades de se eliminar aquele estado de coisas.

---

[1] D'AMBRA, Dominique. *L'objet de la fonction juridictionnelle*: dire le droit et trancher les litiges. Paris: LGDJ, 1994.

Exemplificativamente, o atendimento prioritário dado ao idoso, num determinado estabelecimento bancário, no qual existe único caixa, contraria frontalmente a visão plural dispensada à matéria.

Na órbita administrativa e naquela judicial, o conceito de prioridade suplanta qualquer barreira e intenciona, pura e simplesmente, movimentação condizente com as dificuldades circunstanciadas em um determinado momento.

Admitamos, na hipótese, acidente que acarreta lesões à vítima idosa, a qual pleiteia o benefício do seguro obrigatório, e invariavelmente, na esfera administrativa, a ela fora negado o benefício, haja vista não restar demonstrada a sua incapacidade absoluta.

Na ação ajuizada, o interessado requer a tramitação prioritária, sob o argumento de não estar trabalhando e apresentar sequelas incapacitantes, fundamentando-se em documentos que atestam essa realidade.

Diante disso, o juízo não poderá, sob pena de distorcer o conteúdo normativo, indeferir o benefício da prioridade da tramitação, mas a grande dificuldade consiste em saber se a infraestrutura disponibilizada resultará no desafio da prestação jurisdicional efetiva.

Em outras palavras, deferida a situação de prioridade, a parte ré, na sua defesa, aduz que não há qualquer comprovação do estado de invalidez, exigindo a realização de perícia.

Depara-se, nesse momento, com a grande celeuma, se no despacho saneador ficar reconhecida a obrigatoriedade da prova técnica, a ser realizada por órgão público, teremos uma contramão em termos de celeridade na solução da causa.

Entendemos, em casos semelhantes, tendo sido a parte ré aquela que pleiteou a prova, deva adiantar a honorária do perito ou, em última hipótese, se o laudo for favorável ao autor, quando da sentença, depositará a remuneração do perito.

É que muitas vezes ocorre a assimetria na tramitação rápida desejada pelo legislador e a falta de meios para que o conflito seja atendido com a presteza e a celeridade reclamadas.

Didaticamente, em muitos casos, em razão da situação particular, subjetiva, alimentada pela especificidade, impõe-se a demanda individual; porém, quando nos encontramos face ao modelo que penaliza um número indeterminado da coletividade, a tutela plural é de rigor.

Não apenas as entidades estariam legitimadas para a propositura, mas também o Ministério Público colimando resguardar o interesse disciplinado no Estatuto do Idoso, alargando o horizonte e oferecendo, de maneira que siga os critérios da razoabilidade e proporcionalidade, uma decisão de eficácia plural.

Com efeito, se determinada municipalidade não oferece medicamento destinado ao controle de pressão, diabetes, ou qualquer moléstia mais aguda, restringindo-se à forma genérica, sem eficácia prática, haverá o Ministério Público de atender o interesse regrado dos indivíduos portadores da moléstia.

Basta que tenha noção do acontecimento, a fim de buscar atendimento consentâneo, da justiça pública de saúde, aquela relativa ao meio ambiente ou consumerista.

Sobreditos contrastes afluem principalmente quando nos deparamos com o rápido envelhecimento da população brasileira, hoje estatisticamente perto de 11 milhões, sendo que mais de 30% estão classificados na fileira dos idosos.

A total desassistência do Estado não se justifica, daí a importância de se mapear e verificar qual a atitude a ser tomada e por seu intermédio minorar os efeitos da omissão do Poder Público.

Admitamos que em determinada localidade o passeio público mostra-se incompatível e repleto de desnivelamento, sujeitando a risco os transeuntes, havendo notícia que vários idosos, ao passarem pelo local, sofreram quedas, experimentando fraturas.

A omissão do particular, proprietário, inquilino, não importa, em nada interfere na responsabilidade do Estado, dado o interesse evidenciado, de reduzir o conflito e providenciar a feitura, ainda que cobre do particular o reembolso.

Adjetivando transparência e melhor simetria entre os dados, o Ministério Público, entidades de classe e todas as outras que cooperam, podem articular ações coletivas visando adequação à Constituição Federal, Estatuto do Idoso, com tramitação prioritária, principalmente quando envolve problema de saúde.

Com razão, estando a Administração Pública descompassada ou sem qualquer diretriz para superar o impasse, nota-se que a intervenção coletiva tem o condão de produzir reflexos e gerar, continuamente, sanções específicas.

Vejamos as circunstâncias do transporte aéreo, quando pessoas idosas, a par da preferência de atendimento no balcão, perdem o mesmo tempo que as outras e, ainda, com outras variantes que causam dissabores à viagem.

Dessa maneira, cabe ao Ministério Público exigir das companhias aéreas tempo real de atendimento e preferência, notadamente quando o voo é cancelado ou remanejado.

Bem nessa descrição acenada, muitas são as atividades e complexas as tarefas relacionadas às tutelas coletivas, no sentido de minorar a distância e permitir que os idosos, quando não têm seus direitos reconhecidos, possam usufruí-lo por intermédio das demandas ajuizadas.

3.5 A finalidade da prestação jurisdicional efetiva

A clientela que se utiliza dos serviços judiciais, via de regra, sintoniza pluralidade de demandas, na medida em que seus interesses são parcialmente resolvidos e necessitam trilhar novos rumos para o alcance pretendido.

Na busca desse modelo de eficiência e transparência, uma pessoa idosa, sofrendo de obesidade, tem pelo seu plano de saúde negado o seu benefício à cirurgia.

Entretanto, ao ser proposta a ação, mediante tutela antecipada, é compelido o plano à emissão de guia, feita com sucesso a cirurgia, pouco tempo depois, para retirar as sequelas que remanescem, a pessoa interessada busca outra de natureza plástica, também negada.

Nessa dicção, a eficácia do modelo jurisdicional não pode proporcionar um debate oculto e opaco sobre o conflito, mas transparente e de solar clareza, a fim de que possa, quando proferida a decisão, abranger, no seu todo, o litígio.

Uma série de regras se constitui na passagem fundamental entre o contencioso revelado e aquele emergente, daí a necessidade da autoridade da coisa julgada e sua multidisciplinaridade.

O acesso à justiça se tornou, nas últimas décadas, facilitado, não apenas pela especialização abraçada, pulverização dos juizados, convênios com entidades de ensino, proteção à mulher, conflitos decorrentes de jogos de futebol, uma variedade cuja gama permeia, igualmente, uma solução de tramitação teoricamente prioritária.

Com isso pretendemos significar que a conduta contumaz ou recalcitrante, do Estado ou do particular, torna-se de menor resistência, na medida em que o Estado-juiz, prontamente, se manifesta e restabelece o direito violado.

Ampliou-se muito a pirâmide tipológica do acesso, não só por supostos direitos violados, mas, também grandemente, pelo benefício da gratuidade processual.

Rotinizou-se o requerimento de gratuidade, em qualquer fase ou estágio do processo, muitas vezes enveredando o risco zero e a total não responsabilidade pela sorte da causa, se vier a ser julgada improcedente.

O sistema de livre acesso exige um controle mais efetivo da destinação jurisdicional; nessa percepção, se os juizados funcionam, teoricamente, sob o prisma da gratuidade, o tempo revelou que essa regra necessita ser revista.

Definitivamente, se a maioria da população carece de recursos para acesso à Justiça, o funcionamento desse modelo incentiva outras classes mais abastadas a dele se utilizarem ao custo zero.

Vamos identificar caso concreto, no qual o consumidor adquire um aparelho de ginástica, avaliado em R$ 10.000,00, apresentando defeito, intencionando o seu conserto e não o desfazimento contratual.

O consumidor, pessoa de recursos, com ganhos acima da média, ingressa no juizado e, ao fazê-lo, em princípio, não terá custo algum para fazer funcionar a máquina judiciária, inclusive digitalização de peças.

Em termos concretos, quando a infraestrutura deixa a desejar, o padrão de atendimento está sempre lotado; aquele que tomou o lugar de outra pessoa, sem dúvida alguma, acarretará o represamento do serviço, fruto da falta de triagem para a conferência e sujeição ao juizado especial.

Definitivamente, aqueles que podem pagar, e não o fazem, objetivando a via segura do juizado, no fundo influenciam com o respectivo comportamento e conduta, dependendo do número, a efetividade que repousa na tramitação prioritária.

Discute-se junto ao CNJ a repercussão prática da Emenda Constitucional nº 45/2004, sob o prisma de visão do tempo real da prestação jurisdicional, circunstância que gera impasse e permeia o conflito frente ao modelo federativo e a autonomia interna dos tribunais.

Em pouco tempo, alcançou-se a incrível soma de um processo a cada dois brasileiros, gerando desassossego, intranquilidade e, mais do que isso, a instabilidade, provocados pela demora e também pela falta de expectativa relativamente à consolidação do direito.

Presumidamente, não querendo ser pessimista, além de todos os percalços de uma demanda, somadas as circunstâncias imponderáveis, aquele autor que conta com 60 anos de idade ou mais, normalmente, terá uma solução que oscilará, face à complexidade da causa, entre 5 e 10 anos.

Essa pontuação representa uma conscientização, ao menos em termos de justiça comum, sob o fator de realidade, tomando como parâmetro, que o interessado, ao tempo da coisa julgada, possa dispor da efetividade.

A revisão do modelo traz na sua plasticidade o conceito de instrumentalidade, dispensa de formalismo, reestruturação da máquina e uma visão mais depurada das normas processuais.

Nessa toada, sempre que enfrentamos o estado de crise processual, refletindo na coluna da justiça, antevemos a necessidade da reforma do Código de Processo Civil.

Nota-se, sempre ao gosto dos mais otimistas, que, feita a reforma, os problemas desaparecerão, o estrangulamento será melhor e a convivência harmônica na prestação da tutela jurisdicional.

Ledo engano.

Projeto de emenda constitucional, sob a batuta do Ministro Cezar Peluso, ambientado com o modelo vigorante, causando entrechoque na sua aprovação, sem dúvida alguma reduz a probabilidade de uma nova situação de julgamento.

Converge ao modelo uma equação que tornaria a decisão quase que definitiva dos tribunais, amparando excepcionalmente recursos para as instâncias superiores, o STJ e o STF.

Aplaude-se a revolucionária ideia, a qual teria o condão de inibir que milhares de recursos, especial e extraordinário, desaguassem nas cortes superiores, mas o fundamental a saber é se esses tribunais julgam com a velocidade desejada as matérias relevantes.

O século XXI, em plena sociedade globalizada, da tecnologia avançada, da cibernética, não conseguiram os responsáveis diagnosticar, ainda que tentassem, a fenomenologia da morosidade e seus reflexos negativos no âmbito da Justiça.

Qualquer modificação, por melhor que seja, trará resultados mínimos, se não houver uma independência da autoridade judicante, conciliada com a soberania e redefinida a partir da autonomia financeira.

Os debates serão inócuos, soluções paliativas, os gargalos maiores, desenhando-se, ao longo dos anos, igual ao sistema de trânsito, de caótico congestionamento, sem divisar, ou adjetivar, potencialmente, redução dos conflitos ou vias alternativas.

No modelo de crise do Estado, do sistema neoliberal, acarretando o endividamento e a voracidade arrecadatória, que se deslocam para o sistema da justiça, muitos impasses poderiam ser resolvidos por intermédio de arbitragens ou conciliações.

Nada obstante, o Estado, responsável por tudo isso, não se interessa em buscar meios de admitir a sua presença, querendo reduzir a sua participação e, por intermédio de concessões e terceirizações, transformar-se naquele ente simplesmente preocupado em manter a sua política tributária à altura do déficit público impagável.

Sinaliza-se, por intermédio do raciocínio, que os mais atingidos por um conjunto de medidas passam a ser a terceira idade e, portanto, os idosos, os quais não contam com recursos suficientes para lutar pelos seus direitos, ou fazer reivindicações concentradas em ações coletivas.

Folgo em dizer, portanto, que permanecerá o entrechoque de interesses, anos a fio, de um Estado mínimo, e de obrigações máximas, as quais pedem definição e, mais do que isso, uma concretude na tramitação prioritária adjetivando celeridade e uma resposta efetiva em termos processuais, hoje e sempre.

4

Predicados da Concessão do Benefício

4.1 O significado da prioridade na tramitação processual

Buscou o legislador reduzir o espaço de tempo na tramitação dos procedimentos judiciais, a exemplo da esfera administrativa, fato que veio à baila por intermédio de legislação própria, contemplando pessoas de idade igual ou superior a 65 anos.

Referida regra está descrita no art. 1.211, letra A, do CPC, cuja redação presente diz respeito à eficácia de Diploma Normativo 12.008, de 29 de julho de 2009.

Nesta perspectiva, e seguindo o Estatuto do Idoso, pela Lei nº 10.741, de 1º de outubro de 2003, no seu art. 71, estabeleceu-se prioridade para todas as pessoas, parte ou interveniente, com idade igual ou superior a 60 anos, em qualquer instância.

Reflexo vivo do conceito dita o ônus da comprovação para o benefício a aqueles que poderiam pleiteá-lo, no sentido de objetivar agilização no resultado do processo.

Consequentemente, a tramitação prioritária encerra conceito único, no qual o juízo, de primeiro ou segundo graus, ainda nas cortes superiores, deverão ficar atentos para a solução imediata do conflito.

Estruturada a matéria, sua dicção percorre o caminho do benefício e a comprovação dos requisitos legais definidos pelo diploma normativo.

4.2 O procedimento e seus requisitos legais

Conferiu o legislador, na etapa adequada à definição desta matriz, prioridade na tramitação, na esfera processual, quando estiverem presentes as seguintes circunstâncias:

a) pessoa com idade igual ou superior a 60 anos;
b) pessoa portadora de deficiência física ou mental;
c) pessoa portadora de tuberculose ativa, esclerose múltipla, neoplasia maligna, hanseníase, paralisia irreversível e incapacitante, cardiopatia grave, doença de Parkinson, espondiloartrose, anquilosante, nefropatia grave, hepatopatia grave, estados avançados da doença de Paget (oesteíte deformante), contaminação por radiação, síndrome de imunodeficiência adquirida, ou outra doença grave, com base em conclusão da medicina especializada, mesmo que a doença tenha sido contraída após o início do processo.

Notamos que inexiste *numerus clausus* a respeito da patologia que pode definir a concessão do benefício, desde que o quadro se apresente grave, comprovadamente, estará demonstrado o atendimento do fundamento legal.

Enquanto o benefício etário, 60 anos, apenas é feito de forma complementar, não cabendo qualquer juízo valorativo desconexo, no que concerne à patologia, necessária a sua prova eficaz, ou até, se houver impugnação, prova específica.

Aquele que tiver interesse na concessão do benefício, oportunamente, fará o requerimento, ao juízo natural, diretamente ao Relator do processo, e, nos Tribunais Superiores, se houver distribuição, para o respectivo Ministro, caso contrário, diretamente ao Presidente.

Ponto importante a ser destacado se reporta ao processo eletrônico; dessa forma, o denominado processo sem papel, nada obstante tenha o viés da efetividade, também se sujeita à tramitação especial.

Cumpre assinalar que o requerimento poderá ser levado ao conhecimento do órgão judiciário em qualquer oportunidade, não cabendo suscitar decaimento ou prescrição.

De fato, completado o aspecto objetivo comprobatório da idade, basta apresentar o documento, anotando-se na contracapa prioridade na tramitação.

Matéria semelhante aplica-se na hipótese da doença grave e comprovada pelo interessado, ou interveniente, cuja eventual impugnação poderá ensejar prova específica para se determinar o estado de saúde do requerente.

4.3 Os beneficiários e a interpretação da norma

Dissemos que a Lei nº 12.008, de 29 de julho de 2009, revolucionou a interpretação da norma, com maior integração, enquanto reflete o benefício a todos aqueles que completarem 60 anos, ou tenham idade superior, além dos portadores de doença grave.

Em tese, não se conjuga com o predicado voltado à obtenção do benefício, poderemos ter o idoso portador de moléstia, ou simplesmente aquele que já completou 60 anos, em pleno estado de saúde.

Viável considerar, no exame do contexto desta questão, que na existência de litisconsórcio, necessário ou facultativo, a concessão do benefício alcança a todos, não havendo necessidade do desmembramento do procedimento ou sua fragmentação.

O raciocínio, de modo semelhante, não abrange a pessoa jurídica, mas simplesmente, as pessoas físicas que completaram 60 anos, ou comprovem doença grave.

A Resolução nº 2, de 25 de janeiro de 2005, de ordem do Presidente do Superior Tribunal de Justiça, enfrentando o assunto, salienta prioridade no julgamento dos processos de pessoas portadoras de deficiência, desde que a causa em juízo tenha vínculo com a própria deficiência, de acordo com o art. 9 da Lei nº 7853, de 24 de outubro de 1989.

Frisamos que a parte ou o interessado interveniente, qualquer um deles, mediante simples requerimento, e com a comprovação documental, de sua idade, ou de atestado médico, poderá fazer jus à tramitação prioritária.

Salientamos, na oportunidade, que a prioridade não alcança a empresa cujos sócios, pessoas físicas, sinalizam referido benefício, consoante entendimento do Superior Tribunal de Justiça, Ministro Pádua Ribeiro, no Agravo de Instrumento nº 468648, julgado em 06.11.2003.

Referida posição deve ser bem destacada, posto que, em muitos casos, os sócios que completaram 60 anos requerem o benefício, porém, não poderão ser atendidos, isto porque é a empresa que figura no polo processual.

Quando frisamos a realidade de parte, significa compreender tanto o polo ativo como o polo passivo, consequentemente, ainda que possa encerrar paradoxo, o próprio requerido tem interesse dever a prioridade ser reconhecida para a rápida solução do litígio.

Nos casos de intervenção de terceiro, igualmente, se aplica a regra legal, sem qualquer exceção, isso porque a sua finalidade é de atender, fundamentalmente, à parte ou ao interessado que comprove os requisitos legais.

4.4 A prioridade ampla e seus reflexos

Conveniente relevar que o Diploma Normativo nº 12.008/09, ao reduzir a idade para 60 anos e contemplar as moléstias sujeitas à tramitação prioritária, consolidou reflexo amplo na sua interpretação.

Com efeito, não apenas a lide principal, porém todos os incidentes, sem qualquer dúvida, perseguem o mesmo desiderato, no sentido da vinculação à tramitação prioritária.

Bem nessa dicção, o legislador espancou qualquer dúvida, ao procurar, emblematicamente, dispor a respeito do processo de tramitação prioritária, assinalando cuidar-se de princípio aplicável desde a origem até a solução da causa.

Verifica-se por tal ângulo, que o fato gerador pode estar presente na propositura da demanda ou supervenientemente, assim a pessoa que completar 60 anos durante a tramitação terá o benefício e, por força da isonomia, aquela que apresentar qualquer sintomatologia enquadrável.

Define-se, a partir desse pressuposto, respeito aos idosos, desse o estatuto e em harmonia com a transição do direito intertemporal, identificando-se, também, as moléstias desenhadas pelo legislador.

Na lição de Peter Haberler, a respeito da hermenêutica constitucional, sobressai o princípio regulado pela norma, cujo destinatário é participante ativo e envolto na sua produtiva interpretação (*Interpretatorische Produktivkräfte*).

Extrai-se do conceito, pois, que a tramitação prioritária somente pode ter efetividade sob o aspecto produtivo, isto é, a partir da consecução buscada pelo legislador.

Consequência dessa circunstância, tanto em primeiro como em segundo graus, haverá metodologia transparente de acompanhamento daquilo que se denomina tramitação prioritária.

Busca-se, a partir dessa matéria, radiografar a sua preocupação e, dentro do volume de processos em andamento, o pressuposto de monitoramento daqueles incorporados à tramitação prioritária.

Exemplificativamente, remetido o processo pelo juízo de primeiro grau para o setor de distribuição do Tribunal, existirá anotação de prioridade, mas isso só não basta. É preciso que tenham o procurador e o próprio jurisdicionado a exata noção do que aquilo significa.

O conteúdo prático encerra pesquisa, rastreamento e saber exatamente quando o processo poderá ser pautado visando julgamento.

Numa pletora na qual a grande maioria litiga em razão da idade, a respeito de causas previdenciárias, o quesito da prioridade fica comprometido e depositado na vala comum, sem qualquer relevância.

4.5 A tramitação no processo eletrônico

Com o advento do processo eletrônico enraizado no Diploma Normativo nº 11.419, de 19 de dezembro de 2006, decretando-se o fim do processo papel, surge nessa questão a situação da tramitação prioritária.

Na velha técnica dos autos em meio físico, sempre existia uma tarja identificando aquele feito, porém, com o processo eletrônico, aquela circunstância não perde seu contexto, no entanto, existiria um quadro definindo a prioridade.

Efetivamente, ao ser distribuído o feito, na primeira instância, de forma eletrônica, constaria o registro prioritário e de eventual urgência na concessão de tutela antecipada.

O mesmo princípio se aplica em relação aos tribunais; feita a distribuição eletrônica dos recursos, passa-se a identificar aqueles prioritários, conforme a chegada cronológica até o relator.

Dessa forma, a incumbência é do próprio sistema de armazenar e gerar a informação, coincidindo com o aspecto da pretensão das partes, isso porque a prioridade se aplica a ambos os polos da lide.

O saudoso professor Mauro Cappelletti salientava a necessidade da distinção da influência recíproca da norma, sua estrutura interna, na eficácia do procedimento, por meio de método de investigação que exponha o fenômeno e sua consequência inexorável.

Reconhece-se, na vertente, que o processo eletrônico retira do julgador o contato físico e a emoção direta pelo discernimento da prioridade ou urgência, haja vista que apenas o sistema acusa esse dado de identificação.

Bastará a consulta feita nos procedimentos, com as respectivas anotações, no sentido de descortinar a incidência da prioridade e o virtuosismo correspondente à pretensão deduzida em juízo.

Afirmamos que essa prioridade acompanha o processo desde o ajuizamento da causa até a sua finalização, assim, exige-se que os atos processuais tenham celeridade, revestidos de segurança e estabilidade na consecução do propósito.

A estandardização do processo eletrônico não pode criar entrave a ponto de dissipar a eficácia do meio digital, daquele eletrônico, frustrando a expectativa do legislador.

Ao contrário, enquanto no processo físico existe o distanciamento entre o cartório e o juízo, naquele eletrônico isso fica dissipado, na medida em que, pelo simples acesso ao informe do acompanhamento eletrônico, estará sinalizado o subsídio.

A estrutura do peticionamento digital permite que tudo seja feito com a maior agilidade possível, mas dentro da possibilidade de exame pelo juízo, inclusive pelo relator em grau de recurso, selando assim o conceito legal.

A propósito, se o processo normal tramitaria, em primeiro grau, durante dois anos, em tese, aquele de tramitação prioritária deveria findar em prazo menor, mas, além desse fator, precisamos considerar a complexidade da causa, circunstâncias subjetivas e objetivas.

Enfatiza-se, por tal caminho, que a tramitação prioritária não encerra propósito seguro de se levar o processo a bom termo, com a celeridade presumida, mas sim constitui fator preponderante em relação aos demais feitos.

5

Do Requerimento à Concessão do Benefício

5.1 Da parte ou terceiro interessado

Comumente, regra geral, o polo ativo mostra interesse de pleitear o benefício, porquanto a sua postulação, normalmente, está radiografada no preceito da faixa etária.

A regra geral dita elemento documental para efeito de análise e sua demonstração, independentemente do litisconsórcio, consequentemente, atendido o requisito, far-se-á a concessão do benefício.

Na escala observada, simplesmente o aspecto etário, em tese, não admite qualquer via alternativa, ao contrário de doença grave, assim considerada, haja vista que a parte contrária poderá impugnar ou pedir seja feita perícia neutra.

Extraídos os elementos formadores do convencimento, a prioridade da tramitação dependerá do expresso requerimento, mas nada inibe que o juízo proceda dessa forma de ofício.

Com efeito, existente no ajuizamento da ação prova segura no sentido de que o autor conta com 59 anos de idade, e, antes do sentenciamento do feito, já completou 60 anos, nada obsta que o juízo, atento ao procedimento, priorize a tramitação, de forma a dar o exato alcance à norma legal.

Ao contrário, na hipótese de doença grave, exige-se atestado, ou laudo sumário, a comprovar qualquer patologia disciplinada, podendo a parte contrária impugnar e, se o juízo não tiver elementos para decidir, ou estabelecida a dúvida, poderá determinar perícia técnica.

Entretanto, quando o beneficiário postular pela justiça gratuita, e necessitar de uma perícia técnica comprobatória do seu estado de saúde, doença grave, via de regra, referidas entidades credenciadas revelam retardo incomum na feitura do laudo, o que, por si só, desestimula o requerimento.

Bem refletida a circunstância, a concessão do benefício não é simplesmente *intuitu personae*, estendendo-se, com a morte do beneficiário, ao respectivo cônjuge, companheiro ou companheira, em união estável.

Verdadeiramente, o benefício concedido não cessa automaticamente com o falecimento do beneficiário, porquanto o cônjuge, supérstite, companheiro ou companheira, em união estável, prosseguirão com idêntico aspecto de prioridade.

Comprovado documentalmente o requisito e concedido o benefício, serão feitas as anotações no procedimento, inclusive junto ao cartório, diligência esta que não escapa do processo eletrônico.

Nesta classificação, e na universalização do processo eletrônico, existirá quadro específico definindo o mecanismo e uma tramitação mais ágil na solução do conflito de interesses.

Hipótese superveniente no cumprimento de sentença diz respeito ao recebimento da honorária advocatícia, quando houver a execução no próprio procedimento, se o causídico demonstrar ter alcançado 60 anos, ou alguma doença grave, evidentemente prosseguirá com prioridade na tramitação.

Cuida-se de direito subjetivo processual, subordinado ao reconhecimento de pressuposto objetivo diante da expressa manifestação de vontade da parte interessada.

Entendemos, salvo melhor juízo, que o legislador poderia compreender melhor o comportamento, acaso dispusesse que os filhos, no caso, descendentes, também estariam cobertos pelo benefício da prioridade da tramitação.

Admitamos a hipótese de um compromisso de compra e venda entre o casal e determinada construtora, cuja entrega da propriedade não se realiza no prazo constante do contrato.

Ajuizada a demanda pelo casal, para recebimento dos benefícios e respectivas indenizações, sofrem acidente de trânsito, vindo a óbito, deixando casal de filhos, evidentemente, a prioridade da tramitação contemplada, em tese, deveria alcançar os herdeiros e sucessores, porquanto, além de entrar o valor para a herança, justifica-se o benefício nascido do direito material do casal.

5.2 A efetiva duração do processo e o aspecto da prioridade

A Emenda Constitucional nº 45, de 2004, procurando atribuir novos ares ao Judiciário, enfrentou polêmica questão, qual seja, do tempo razoável para solução do processo.

Recentemente, o Ministro Luiz Fux, autor do projeto de reforma do Código de Processo Civil, proclamou que, com a sua implementação, atingir-se-á o objetivo para que o processo esteja encerrado depois de um ano.

A auspiciosa avaliação, entretanto, não corresponde à realidade, isso porque, consabidamente, em primeiro grau, a grande maioria dos processos tramita durante dois a três anos; quando houver prova técnica, o prazo pode alcançar cinco anos.

Não há, portanto, mágica, ou fórmula que possa impressionar, no sentido de revigorar o princípio da efetividade processual, mediante instrumentalidade e razoabilidade da duração de sua tramitação.

Fosse a Justiça ágil, descongestionada, em tempo real, naturalmente não teria o legislador a preocupação de disciplinar a prioridade dos procedimentos envolvendo pessoas com 60 anos de idade ou portadoras de alguma doença grave.

Contudo, e aqui entramos no imbróglio maior que desafia o estudo: o que seria, na prática, o conceito de tramitação prioritária deferido pelo juízo, ou pela instância recursal?

No universo de processos repetitivos ou que encerram idêntica matéria, a exemplo do Juizado Previdenciário, cogitar-se de prioridade seria completo *nonsense*, na medida em que a grande maioria, ou quase totalidade, estaria atendendo requisito de 60 anos de idade.

O que se reclama, essencialmente, é o sentido prioritário da tramitação e como dotá-lo de transparência para que o jurisdicionado tenha absoluta certeza de não ter sido preterido.

Exemplificativamente, ocorrendo o concurso de prioridades naqueles feitos que tramitam, cujos interessados comprovam 60 anos de idade, a ordem cronológica do deferimento do benefício deve pautar a prioridade no julgamento da lide.

Infelizmente, a tramitação prioritária, via de regra é o que se constata, cai na vala comum dos demais procedimentos e acaba sendo uma contramão naquilo objetivado pelo legislador.

Adotado referido critério, para que se desse integral aplicação ao princípio da prioridade, necessário seria a construção de uma infraestrutura à altura desse reclamo.

Sabemos, e os dados estatísticos revelam, do envelhecimento da população, portadora de maior saúde; anos atrás, a taxa média de vida estava na casa dos 70 anos, hoje é comum alcançarmos até 90 anos, e, mais propriamente, grupo menor atingindo 100 anos de idade.

A população brasileira também sofre o impacto do envelhecimento dos cidadãos e, principalmente, daqueles que utilizam os instrumentos legais para conhecimento e reivindicação de seus direitos.

Quando a representação processual é feita por entidade de classe, órgão associativo, admitamos, exemplificativamente, associação de defesa dos interesses dos idosos, os quais teriam sido preteridos na concessão de benefício de passe gratuito de transporte público – ônibus ou metrô –, a integração normativa ditaria a não inserção do benefício de prioridade, porquanto o espírito do legislador, ao nosso ver, equivocado, alcançou apenas pessoas físicas.

De fato, a Lei nº 12.008, de 29 de julho de 2009, modificou os arts. 1.211-A, 1.211-B e 1.211-C do Código de Processo Civil, matéria que foi alvo do Comunicado 14/2009 do Egrégio Tribunal de SP, reportado à transformação experimentada em virtude das consequências do Estatuto do Idoso.

Singularmente, pois, a concessão do benefício deveria impor regras práticas destinadas à tramitação, do processo papel ou eletrônico, mas sempre permitindo ao jurisdicionado, mediante transparência e ímpar clareza, saber se a circunstância confere privilégio existente.

A estrutura judiciária brasileira teve origem no direito reinol, passando pelas ordenações Afonsinas, Filipinas, Manoelinas, depois integrando o direito processual italiano, cujas modificações feitas na última década, por certo, não agilizaram ou permitiram maior rapidez no andamento e solução dos litígios.

Vislumbra-se, portanto, que no universo de processos em tramitação, a prioridade efetiva transmita segurança e estabilidade, mesmo previsibilidade, em atenção aos julgamentos.

Dessa forma, a pessoa considerada idosa tem o predicado estatutário e legal, na perspectiva de poder invocar seu direito, na condição de parte ou interessado, intervenção de terceiros, colimando tempo efetivo e real na duração do litígio.

Sobreleva observar que tem razão de ser a respectiva prioridade na tramitação, em função do quadro precário da justiça nacional, para que as liberdades materiais propiciem condições sociais, de conotação programática, compreendendo interesses homogêneos e difusos.

5.3 A dinâmica da prioridade e seu aspecto jurisprudencial

Notadamente, o Estatuto do Idoso disciplinou a prioridade, durante o andamento da causa, daquelas pessoas com idade igual ou superior a 60 anos, visando assim remover a barreira que separava a demora da efetividade na solução da causa.

Na trilha analisada, cuja toada preleciona circunstância específica, a realidade não desponta dados estatísticos, ao menos internamente, para sabermos como funciona esse benefício.

O Desembargador Celso Albuquerque, na Apelação Civil nº 2001/0000.2348-4/0, julgamento realizado pelo Tribunal de Justiça do Ceará, datado de 31 de março de 2008, destacou que o benefício de tramitação diz respeito à regra especial, sem interpretação extensiva, destacando partes ou intervenientes da relação jurídica processual, não alcançando as pessoas jurídicas, muito menos o causídico, por não ser parte ou interveniente.

Verifica-se, nessa linha analítica, que os tribunais preocupam-se com o reflexo do benefício na tramitação de causas consideradas prioritárias, sendo que a disposição deve vir acompanhada por um elemento proclamado pelo legislador.

Acompanhando este raciocínio descortinado, a Ministra Eliana Calmon, da segunda turma do STJ, no Recurso Especial nº 664.899/SP, julgado no dia 3 de fevereiro de 2005, afirmou que o benefício adstringe-se à parte ou interveniente nos procedimentos judiciais, alcançando terceiros, na forma de assistência, oposição, nomeação à autoria, denunciação à lide ou chamamento ao processo.

Ponto relevante nessa conjuntura afeta a relação jurídica processual, mas se respeitado o princípio da isonomia, ou seja, existindo no quadro do litisconsórcio parte que comprove 60 anos de idade, a todos se aplicam as regras de tramitação prioritária.

É o entendimento que fora expresso pelo Tribunal de Justiça do RS, no Agravo de Instrumento nº 700.27879558, relator desembargador

Túlio de Oliveira Martins, julgamento datado de 11 de agosto de 2009, ao mencionar que o benefício alcança o polo passivo ou ativo, bastando que um dos autores ou réus tenham a idade prevista em lei para que seja alcançado.

Referido pensamento veio a ser comungado pelo Tribunal de Justiça de SP, salientando que, na hipótese de litisconsorte com idade inferior a 60 anos, e comprovando-se aquele com a faixa etária disciplinada pelo legislador, nada obsta a tramitação prioritária, sem a necessidade de se cogitar do desmembramento da demanda (JTJ 291484).

Evidente que de acordo com cada estrutura judiciária, o enfoque da tramitação prioritária significará determinada realidade, não querendo desestimular sua definição ou relativizar a respectiva importância.

Dito isso, o escopo maior da Lei nº 12.008, de 29 de julho de 2009, foi abraçar harmonicamente a regra do Estatuto do Idoso e reportar-se ao requerimento, ao tempo da condição atingida, ou de doença grave caracterizada.

Inderrogável se torna afirmar que não podemos nos apegar ao conceito fluido, ou instável, assim, em tese, parte-se do pressuposto de se uniformizar, a nível nacional, o princípio da prioridade da tramitação.

Questiona-se, portanto, se o órgão regulador, no caso o CNJ, poderia, na hipótese salientada, emitir norma interna que regulasse, concretamente, a duração do processo sob a ótica da lei epigrafada.

Não podemos deixar de lado que eventual disciplina poderia ser alvo de maior desencontro, isso porque, em primeiro grau, extremamente dificultoso o estabelecimento de prazo em tramitação prioritária; no entanto, em segundo grau, nada contrariaria delimitar previsão para que se alcançasse o intuito definido no espírito legislativo.

5.4 A cessão da posição processual

Questão interessante diz respeito à transmissibilidade, originária ou derivada, da capacidade processual, no propósito de se alcançar o efeito da prioridade disciplinada pelo legislador.

Naturalmente, se desde a origem havia o requisito da prioridade, mas a parte resolveu simples cessão de posição processual, cujo cedido, por si só, não ostenta idade, ou apresenta moléstia, nada permitirá a prioridade.

Conflitar-se-ia com o espírito do legislador absorver a capilaridade prioritária, observando-se se a cessão acompanha a boa-fé do cedente, ou apenas privilegia o escopo da agilidade.

Forte neste aspecto se a causa fora iniciada por pessoa não revestida do quesito da tramitação prioritária, mas que, após o trânsito em julgado, na fase de execução, de cumprimento de sentença, resolveu ceder a sua posição no propósito do benefício.

Assinalemos, mais especificamente, aquele processo no qual se pretende indenização, julgada procedente a demanda, e depois de formada a coisa julgada, ocorre a cessão da posição em favor de terceiro.

O cedido, ocupando o polo passivo, e preenchendo os requisitos legais, a rigor não poderá ficar isento do propalado benefício legal, exceto se for comprovada eventual fraude ou tentativa de ilaquear a boa-fé entre as partes.

Na hipótese do óbito, a própria legislação cuidou de transmitir o privilégio da tramitação aos herdeiros, porém o ato sinalizado tem natureza intervivos, daí porque o questionamento a respeito desta regra.

A pessoa que vier a se sub-rogar nos direitos do cedente, ocupando a condição de credor da obrigação, acompanha, literalmente, as etapas do procedimento, e também, se fizer jus, o denominado aspecto da prioridade da tramitação.

Nesse diapasão, José Guilherme de Souza deixou claro o aspecto da perenização da regra jurídica, para abraçar soluções mais humanas e justas, não sendo o sentenciador simples mecânico, mas aplicador de um sistema coerente e lógico.

Configurada a cessão da posição e atestados os requisitos, de forma e de fundo, preenche, o cedido, a lacuna do cedente, inclusive no tocante ao seu benefício, se a ele fizer jus.

Preconizemos a cessão de posição, cujo cedido é pessoa hígida, mas que, durante a tramitação da causa, contrai patologia (tuberculose), disso resulta que, em função da moléstia, passou a ser beneficiário da condição de portador sob o regime da tramitação prioritária.

Suscitada eventual dúvida, ou feita eventual impugnação em relação ao quadro da moléstia, nada se distancia de sólido argumento pericial, no contexto de realçar aquela condição e aplicar o benefício.

5.5 A cessão do crédito

A primeira preocupação que se busca é definir o alcance e a extensão da cessão, no propósito de evidenciar a sua regularidade e o respectivo campo de efetividade.

O art. 290 do Código Civil destaca que a cessão, para sua eficácia, dependeria da notificação do devedor, por escrito público ou particular, além da ciência inequívoca.

Essa regra de direito material não se aplica, pois, ao conteúdo processual, isto porque se permite a respectiva cessão, inclusive a formação de específica sociedade de credores, colimando editar o concurso entre eles na etapa da alienação judicial.

Feita a cessão em relação à pessoa jurídica, não se cogita do benefício, ainda que seus componentes revelem idade suficiente, na realidade, a entidade não pode, neste momento, ser desconsiderada, possuindo autonomia e independência.

No entanto, se a cessão abranger pessoa física, contemplando idade, ou problema de saúde, nada impedirá a provocação do juízo para a concessão do benefício legal.

E a cessão poderá ser parcial ou total, não importa, bastando que a parte, pelo menos uma delas, atenda aos requisitos legais, isso significa dizer que, se houver litisconsorte, contando com 30 autores, e um deles apresentar idade suficiente, a causa, de forma geral, receberá tramitação prioritária.

Inexiste no sistema a plausibilidade de se desmembrar o procedimento, tão somente, e exclusivamente, para privilegiar aquele que atende ao requisito normativo.

Ocorrida a cessão, de forma solene, e produzidos os seus efeitos jurídicos, o cedido passa a ocupar a posição do cedente, para todos os efeitos legais, notadamente na catalogação da tramitação prioritária.

Frisamos que a prioridade é exceção, e não regra, a qual se destina às pessoas portadoras de moléstias, comprovadamente demonstradas, ou àquelas que tenham idade igual ou superior a 60 anos.

Dessa forma, em relação à cessão do crédito, independentemente da fase em que aconteça, estamos diante da migração dos efeitos e da análise pontual acerca de fazer jus o cedido ao trâmite prioritário.

Assinala Bistra Stefanova Apostolova a predominância empírica de determinados valores, a luta constante que existe por eles, somado ao intercâmbio com exercício do poder, balizando a influência do pensamento do legislador na revitalização do conceito de conotação ética, cuja moralização aplica o princípio inverso da isonomia.

6

A Tramitação Prioritária e sua Efetividade

6.1 A celeridade processual e sua instrumentalidade

Destacamos que a regra excepcional do benefício da tramitação prioritária veio ao encontro da situação nacional, de congestionamento e fluxo contínuo de processos, cuja demora assusta não apenas ao CNJ, mas, principalmente, ao jurisdicionado.

Formulado o requerimento, comprovada a situação etária, a partir da concessão do benefício, inclui-se o processo na classe prioritária.

Dessa maneira, se a idade de 60 anos veio a ser completada durante a tramitação do feito, ou após a prolação de sentença, e isso é desinfluente, cabe ao interessado proclamar o princípio para seu atendimento.

Reflitamos na circunstância de o autor completar a idade determinada após a prolação de sentença que lhe fora desfavorável, enquanto que a parte adversária, não faria jus ao benefício.

Pergunta-se: na prática, se existente elemento probatório nos autos, o juízo, antes da remessa do recurso, ou o próprio Relator, qualquer um dos dois, estaria apto ao deferimento de ofício?

Não encontramos empeço à concretude da norma; se o privilégio da tramitação alcança as partes e os interessados, inclusive terceiros, não pode a parte derrocada querer eternizar o feito, pura e simplesmente apegada à demora inerente à estrutura judiciária.

Consequentemente, a norma não oculta o seu espírito e muito menos encobre a sua finalidade, todo e qualquer processo, no qual figurem partes ou interessados, demonstrando alcançar 60 anos, independentemente do resultado favorável ou desfavorável da causa, subsume-se à prioridade da tramitação.

Uma vez indeferido o benefício, referida decisão comporta agravo de instrumento, para se verificar o fundamento e a necessidade de sua reforma.

Acaso o Relator não se convença do requisito legal e indefira o benefício, em tese, poderá advir agravo interno, ou se houver violação de direito líquido e certo, ação mandamental.

A prioridade na tramitação não representa prazo determinado de julgamento, o que se lamenta, mas simples atributo que descortina privilégio em relação à massa de procedimentos existentes.

Obviamente, para que houvesse monitoramento e uma radiografia mais avançada, das planilhas preenchidas deveria constar o item respectivo, a fim de que se analisasse na prática a sua estruturação.

Em linhas gerais, pois, o beneficiário da tramitação prioritária não tem a ferramenta de exigir o julgamento imediato, mas sim, diante de outras concorrências de igual natureza, aguardar o desfecho do procedimento.

Necessita-se uma separação e banco de dados computadorizado dos informes reportados às causas dessa natureza, não apenas o processo papel, mas, essencialmente aquele eletrônico, no propósito de oferecer ao juízo certeza na sua apreciação mais objetiva.

Dentro dessa característica, o espírito legislativo tratou de conferir celeridade nessas circunstâncias e revelar curial preocupação com a temática, adjetivando definir lineamento transparente.

Definida essa característica inerente ao processo, o procedimento prioritário daquelas pessoas que alcançaram 60 anos de idade (faixa etária), e das outras portadoras de doença grave, todos eles não poderiam, em tese, no julgamento recursal, experimentar tempo superior a um ano.

Na visão do benefício pela faixa etária, sua concessão é imutável, de natureza irreversível, contudo, em função da doença grave, comprovando-se a sua cura, ou a mudança de estado de saúde, poderá o juízo, ou o próprio Relator, acaso esteja convencido, revogar o privilégio.

Admitamos, exemplificativamente, que o portador de grave anomalia, assim pacificada pelo legislador, portador de tuberculose ativa, submetido a tratamento, venha a obter resultado favorável, afastando o quadro de moléstia.

Nesta realidade, tomando contato com a circunstância, o juízo revogará o benefício, ou o próprio Relator, eis que ausente o predicado para respectiva manutenção.

Normalmente, a agilização se reveste da celeridade, buscando instrumentalidade, refletindo efetividade na solução das lides, independentemente de maior ou menor complexidade.

Fator significativo diz respeito ao direito controvertido na relação jurídica processual; referida tramitação não se refere exclusivamente ao provimento jurisdicional, mas alcança, também pelos mesmos fundamentos, grau de hierarquia em qualquer outra diligência.

Bem nessa relação, se existir campo próprio para a conciliação em segundo grau, os procedimentos prioritários serão aqueles que encerram faixa etária ou doença grave comprovada.

De modo isonômico, as publicações relativas aos procedimentos prioritários deverão obedecer ao privilégio, para que se alcance a finalidade desenhada pelo legislador.

É bastante comum, na prática, a pessoa física, representante da jurídica, buscar o benefício, quando o impedimento comum não propicia referida prioridade, excepcionalmente, se houver a comprovação de algum interesse identificado no caso prático.

Vejamos a dissolução parcial de sociedade, na qual um dos sócios comprove ter alcançado 60 anos, o debate estaria situando o motivo da dissolução parcial, porém, empresta reflexo imediato em relação à sua pessoa.

Ao se reportar ao interesse para figurar no requerimento, simplesmente, pois, o legislador cuidou de acenar para aquele de natureza processual.

Dessa forma, não é qualquer interesse que propicia alcançar o benefício, mas, que tenha núcleo e descreva a finalidade processual da causa.

Bem entendida essa percepção, as alterações implementadas pela Lei nº 12.008/2009 ainda não foram sentidas na prática, isso porque entrou em vigor no mês de julho de 2009.

Referido lapso temporal decorrido, de apenas um ano, reviu, na sua ordem, toda a conjuntura do revogado art. 1.211-A, o qual somente atingia pessoas com 65 anos de idade.

Nota-se duplo desequilíbrio, o primeiro, da redução da idade de 65 para 60 anos, o outro, do aumento de pessoas idosas demandando, talvez pela leniência do Estado ou a própria letargia no cumprimento de suas políticas públicas.

Revigora-se, em suma, a definição de prioridade e sua real finalidade, de se alcançar a solução do litígio, por meio do chamado tempo razoável de tramitação.

6.2 Identificação do procedimento e seu acompanhamento

Manejado o requerimento relativo ao benefício da prioridade na tramitação, sendo concedido, o procedimento terá identificação própria, desafiando a respectiva situação concretizada na lide.

Referida realidade decorre do art. 1.211-B, § 1º, atestando a identificação no caso do regime de tramitação prioritária.

Quadra considerar o sentido real a definir essa prioridade na tramitação, em termos de velocidade, agilidade e diferenciação em relação aos demais procedimentos.

Faltam dados estatísticos concretos para estabelecermos premissas que organizem o cenário dos processos revestidos de tramitação prioritária.

Entretanto, torna-se extremamente claudicante a aplicação da incidência, quando o próprio cartório não realiza monitoramento permanente, ou o próprio Relator, premido por outros casos mais complexos, não encontra manuseio que permita o controle de qualidade.

A chamada de prioridade registrada em cada procedimento mostra-se pouco sensível na sua diagramação, mas, respeitado o princípio, deveria ter organização propícia no processo eletrônico.

Forte nesse aspecto, o processo eletrônico conteria uma chave que, ao ser consultado, revelaria todos os procedimentos sob tramitação prioritária, assunto, natureza e ordem de atribuição.

Bem de ver, portanto, que simples consulta feita pelo acesso eletrônico permitiria observar, exemplificativamente, tramitando pelo cartório, 100 processos de prioridade.

Definitivamente, referidos procedimentos não estariam exclusivamente em andamento, mas todos os demais, porém, com prioridade, e aqui se pretende desenhar, mais a fundo, referida premissa.

Esta ordem prioritária de tramitação desafia o acompanhamento de perto da solução do litígio e das pendências existentes, para uma atenção específica.

Fundamental asseverar que cabe ao juízo, caso a caso, proceder à conferência e sinalizar o cumprimento da prioridade, sem preterir a normalidade do serviço judiciário, tudo com efetividade.

Verificado esse campo no qual se define a prioridade na tramitação, todos os procedimentos terão tarja específica, em obediência à legislação e ao conhecimento do juízo.

Observa-se, ainda mais, que os tribunais adotam instrumentos e mecanismos para o rastreamento dessas prioridades, a fim de que não se tornem letra morta.

Enfim, dissecado o campo analítico da prioridade, em qualquer órgão ou instância, qual tem sido na prática o efeito prático da medida?

Comparativamente, se um processo normal necessita de cinco anos para percorrer todas as instâncias até a formação da coisa julgada, em relação ao processo de tramitação prioritária, referido prazo deve receber encurtamento.

Não existe um raciocínio matemático, de simples equação, porém, tudo depende da complexidade da causa, da estrutura judiciária e do enfrentamento feito pelo juízo.

Relevante também assinalar que a presença de súmulas e entendimentos dos tribunais, principalmente em matéria fiscal, previdenciária, todos eles reforçam a tese de uma situação mais bem definida para adequada prestação jurisdicional.

Consciente do dispositivo legal, o monitoramento e conclusão significam trabalho em conjunto entre o cartório do próprio juízo, porém, com a entrada e amplitude do processo eletrônico, mais fácil se tornará a identificação, inclusive nos despachos e demais diligências.

Coube ao legislador incursionar e aceitar a regra do Estatuto do Idoso, gerando campo específico na tramitação do processo, porém, não existe qualquer estatística em relação ao universo geral de qual o percentual de procedimentos relativos às pessoas a partir de 60 anos de idade.

Enfim, se os dados apresentados pelo CNJ constatam cerca de 35 milhões de processos em andamento no Brasil, cuja metade se reporta ao Estado de São Paulo, efetivamente, ao nos depararmos com a tramitação prioritária, a velocidade em relação ao procedimento comum é significativamente irrelevante.

Exige-se, pois, completa mudança de mentalidade, de princípios, a fim de que ocorra uma conscientização plena e insuperável do tratamento dispensado aos processos em tramitação de urgência.

Muitas vezes, a parte que faz jus ao benefício e dele obtém a concessão não pode sofrer fragmentação do seu direito ou espera indeterminada na solução do litígio.

Pode pretender antecipação de prova, direito autônomo à sua realização, medida de urgência, tanto em primeiro como em segundo graus, sempre, porém, aguardando uma definição para o caso concreto.

E mais não se diga quando a tormentosa situação disser respeito aos direitos patrimoniais, salariais ou remuneratórios, enfrentando o Estado no recebimento do crédito.

A tramitação sumária do precatório é fundamental, inclusive para finalidade de se coadunar o escopo da celeridade com o espírito que independe da vontade judicial, mas exclusivamente do devedor de querer adimplir a obrigação.

Vislumbra-se a natureza subjetiva do direito processual, da parte, ou de interveniente, dentro de sua esfera limitada de atribuição, isso porque a regra tem eficácia limitada e depende de outros fatores para sua efetividade.

Sinaliza-se, no contexto abordado, que o princípio da tramitação prioritária não é e nem poderia ser um fim em si mesmo, mas decorre de todo ordenamento jurídico e principalmente do cumprimento imediato da ordem judicial.

Registrado e identificado o procedimento, não basta apenas a concessão formal do benefício, é fundamental o acompanhamento efetivo para que na prática a matéria seja concretizada.

Converge e comunga do ideal o questionamento das causas que motivam a demora na tramitação ou na solução do direito consagrado.

Basicamente, a prestação jurisdicional depende de outros fatores, porém, formada a coisa julgada, toda uma disciplina, em respeito ao contraditório, muitas vezes privilegia o devedor, principalmente quando for o Estado.

Resumidamente, adotada essa circunstância, e proclamada a sua efetividade, o mero registro prioritário deve estar acompanhado de rastreamento e inserção no banco de dados, não apenas a título de preenchimento de planilha, mas revelando resultado eficaz.

6.3 Tramitação diferenciada e solução instrumental

Nos países em vias de desenvolvimento, tratar o idoso diferentemente representa a própria sobrevivência, princípio da vida digna e da eficácia consolidada por meio da Constituição Federal de 1988.

Impossível se fazer qualquer cotejo no tocante aos países desenvolvidos e àqueles em desenvolvimento, porquanto basta mencionar que em comparação ao Estado que tem uma posição de bem-estar social, nos demais, como no Brasil, o cidadão encontra-se completamente desamparado.

Determinada pessoa que precisa de medicamento e reclama por urgência, além de comprovar a faixa etária, não depende apenas da boa vontade de receber a ordem liminar, mas também que o Poder Público a cumpra imediatamente.

Sublinhe-se, coerentemente com o tema abordado, que a prioridade deveria ser absoluta e não relativizada, como acontece na prática, para que se cumpra o espírito da Lei Federal nº 12.008/2009.

Expressado o raciocínio e situado o núcleo da polêmica, o tratamento diferenciado na tramitação prioritária é simples pressuposto de alcançar, independentemente de ser portador de moléstia ou não, o escopo definido pelo legislador.

A presunção que limita em torno do processo da terceira idade, Estatuto do Idoso, pessoa que completa 60 anos, significa duração mais limitada de vida, muito embora, na atualidade, as estatísticas comprovam expressivo aumento do número de pessoas alcançando a faixa de 80-90 anos.

A plausibilidade da conciliação dos princípios emergentes da constituição e da legislação processual busca, sobretudo, harmonizar as diferenças e conferir ao idoso permanente tramitação prioritária.

Pondere-se que essa agilidade mediante tratamento diferenciado na tramitação não encerra uma ou outra fase do procedimento, mas abrange todas elas, indistintamente, do começo até a prestação efetiva, quando ocorrer a formação da coisa julgada.

Ao se deparar com esse ciclo processual, em primeiro lugar, o juízo avaliará se a prioridade é exclusiva por causa da faixa etária, ou se decorre de doença grave.

Haveria entre ambas, ou acaso coevamente preenchidas, algum trato diferenciado, não definido pelo legislador?

Não cremos, na medida em que a prioridade reflete o estado etário ou simboliza enfermidade; logicamente na última hipótese, evidente que o tratamento ressoa o espírito humanitário para minimizar o sofrimento e atingir o seu escopo.

Determinado cidadão que durante longos anos contribuiu para o plano de saúde e, no limiar de sua vida, acometido de determinada doença, mesmo não sendo grave, recusada guia de internação, por infundado motivo, não apenas faz jus, em razão da faixa etária, o benefício, mas a solução instrumental.

Simboliza a instrumentalidade o meio próprio e adequado para adotar o procedimento de efetividade, tanto que, copiosamente, a reforma do Código de Processo Civil pautou-se, toda ela, em combater a morosidade da Justiça.

Contudo, diga-se de passagem que a morosidade não é fator isolado, mas cercado de outros elementos e preceitos que inibem a efetividade jurisdicional.

Quando o legislador assume seu comprometimento com a tutela de resultado, ao definir provimento antecipatório, de urgência, e concessão de ordens para restabelecer a normalidade do direito violado, pressupõe-se conhecedor da realidade para o julgamento definitivo da causa.

Perquirida a realidade comum do procedimento e sua natureza, questiona-se a probabilidade, a chance real do beneficiário usufruir o próprio direito, quando se sagrar vitorioso na causa.

Desconstrói a realidade do processo e sua estrutura definha pelo tempo de tramitação, longos anos, sem definitividade e absoluto respeito à coisa julgada.

Muito desagregam o quadro desenhado as sequenciais rotatividades com mudança de magistrados, alternância do quadro de funcionários, além de intervenções inoportunas, as quais priorizam solução de continuidade à lide.

O objetivo maior da parte lesada, amparada pela tramitação de urgência, consiste na obtenção de provimento que traduza a sua manifestação de vontade para solução instrumental do litígio.

É muito comum na discussão de ação de revisão de contrato de financiamento imobiliário, principalmente naqueles casos de perícia técnica, perdurar a tramitação por mais de uma década.

Usufruem os mutuários da morosidade, enquanto tenta o agente financeiro o leilão extrajudicial, desestabilizando o sistema, causando sério problema, posto que na maioria das vezes as pessoas intencionam a casa própria e acabam recebendo, com surpresa, saldo residual acima das possibilidades de comprometimento de renda.

Invariavelmente, não se pretende pular etapas, ou suprimir o contexto da prova, mas busca-se, primacialmente, em razão da idade de 60 anos, ou de doença grave, refrear o conflito, em torno de instrumentalidade que reproduza efetividade.

Admite-se, na quadra vislumbrada, pois, que os meios alternativos estariam ao alcance de todos, ledo engano, na medida em que não foram despertados a consciência conciliatória, arbitragem, mediação e quaisquer outros mecanismos que permeiem mínimo entendimento de composição da causa.

Referido atraso cultural está ligado aos percalços das injustiças sociais e das limitações do Estado-juiz, em função de múltiplos fatores representando adversidades na correta identificação do problema e sua infraestrutura.

Viu-se que o legislador não se limitou à concessão do benefício, fazendo com que, diante da morte do beneficiário, o cônjuge ou companheiro usufruísse a benesse.

O referido espírito norteador individualiza que não há conotação de natureza pessoal, mas afeta ao interesse difuso, da própria família e da união estável reconhecida.

Ao contrário dos países desenvolvidos, que registram mecanismos de proporcionalidade entre o número de juízes, população e índices de conflitos, no Brasil não há planejamento e também, na maioria das vezes em que se terceirizou a função, não se colheu o desejado resultado.

Não há qualquer crítica direta ou indireta, mas sim a necessidade de organização, método e planejamento, compatível com o orçamento, no qual o Estado reconheça o custo e compreenda a necessidade de investimento.

Soa imperceptível destacar o benefício da prioridade na tramitação, do tratamento diferenciado, na oportunidade de desarquivamento de um processo, leva cerca de meses, a comprometer toda a cláusula pétrea definida pelo legislador.

Enfim, o sistema é de vasos comunicantes e nem poderia ser diferente, porquanto para que existam meios disponíveis à concessão do benefício, necessário constatar a presença da máquina judiciária agilizada pela sua estrutura.

A infraestrutura não é apenas virtual, mas compreende um planejamento, por meio de orçamento, a médio e longo prazo, assim, se a maioria das pessoas idosas reside nas grandes capitais, a exemplo de São Paulo, Rio de Janeiro, Belo Horizonte, Porto Alegre, a justificar contingenciamento para aquelas regiões.

Em outras palavras, se 60% da população idosa está localizada naquelas capitais, evidente que o orçamento será diferenciado para o tratamento prioritário, com planejamento estrutural na solução instrumental.

A precariedade dos dados implica na falta de estratégia e também na necessidade de o Conselho Nacional de Justiça ser chamado para interpretar a regra, mas de maneira precisa e coerente, verificando a realidade territorial e as dificuldades de se ajustar a tramitação prioritária a cada Estado.

6.4 A prioridade no julgamento dos recursos

O fulcro da matéria em termos de prioridade na tramitação repousa, sem qualquer dúvida, na eficiência do julgamento dos recursos.

Abarrotados os tribunais de recursos interpostos, basta constatar que o número de agravos hoje suplanta, e muito, as apelações recebidas, consulta ao interesse público solução plausível.

Essencial dissociar o mero recurso de natureza protelatória, de causa repetitiva, com aquele outro exteriorizando o direito a ser reconhecido e a situação peculiar da parte que o reivindica.

Nesta toada, pois, a dinâmica processual revela demora no julgamento dos recursos, e também naqueles que são submetidos às Cortes superiores.

Com efeito, no STJ e no STF, em ambos, existem inúmeros recursos aguardando julgamento, cuja toada eletrônica do processo não resolverá a contento a matéria, isso porque sempre haverá intervalo de tempo para o amadurecimento e formação do juízo na solução da causa.

Disciplina-se o enfrentamento da tramitação prioritária, no nível de julgamento pelos Tribunais, anotando-se melhor controle e maior transparência na sua percepção, no entendimento plural do assunto.

Bem dirimida a dúvida, comporta o informe pormenorizado do caso concreto, a fim de que o jurisdicionado possa, minimamente, ter uma previsão sobre o julgamento e o regular fim do litígio.

Sinaliza-se, portanto, no cumprimento efetivo da regra e no discernimento emprestado ao jurisdicionado, fazendo a consulta e contendo algum elemento para poder cogitar uma definição pela Corte.

Sabemos que é difícil avaliar esse subsídio, mas o seu grau de relevo é imprescindível, destacando uma harmonia entre a finalidade legal e na conduta do julgador, objetivando pacificar o conflito.

Vislumbra-se, portanto, uma definição dos Tribunais Superiores e também do CNJ, a fim de que estruturem melhor o significado da causa prioritária, não mediante prazos específicos, mas com objetivos endereçados aos órgãos julgadores.

6.5 O princípio da economia processual e a tramitação prioritária

A regra da tramitação prioritária comporta racional digressão, no sentido da complexidade do feito e do alcance do princípio da economia processual.

Reveste-se o procedimento do seu grau de instrumentalidade e efetividade, ao lado da tramitação prioritária, conjugando esforços bem direcionados à pacificação do litígio.

Não significa, em absoluto, romper etapas ou quebrar dogmas, mas sim de corresponder à expectativa do jurisdicionado, na consecução de uma decisão judicial conforme o tempo razoável de duração do processo.

Na lição sempre atual de Luigi Paolo Comóglio, é fundamental avaliar a importância dinâmica do princípio econômico, inclusive para que o juízo possa formular raciocínio daquilo que seja útil ou supérfluo na integração do contraditório.

Efetivamente, o juízo, quando preside a causa, deve evitar a prática de atos inócuos, desnecessários e desinfluentes à solução do litígio, porquanto existem diversos instrumentos que o capacitam ao julgamento.

Ilustrando-se a hipótese, instruída a causa com rica prova documental, não se verifica a necessidade da dilação probatória, ou de supérflua prova oral, donde o pulso do Magistrado, servindo de termômetro na solução do litígio.

Não é incomum se verificar, em algumas hipóteses, o andamento com a prática de atos desnecessários e desinfluentes à formação do livre convencimento, cabendo ao juízo, dentro dos poderes que lhe são inerentes, sopesar o essencial e eliminar aquilo que reputa irrelevante.

O princípio da economia processual (*prozessokonomie*) oferece ao juízo aquilo que for salutar para sua decisão, na sua atividade ordinatória e de natureza decisória, formando-se assim a seleção dos princípios gerais adjetivando racionalizar para poder solucionar o litígio.

Verdadeiramente, pois, a tramitação prioritária exige não apenas a celeridade desejada, mas, substancialmente, a comunhão de esforços para, em primeiro lugar, compreender o grau de litígio, em segundo, ordenar as provas e, por último, consolidar a solução por meio de acordo, a ser homologado, ou mediante sentença.

A consciência histórica da colonização, absorvida pelos constantes conflitos existentes, denega a tradição pacificadora dos litígios, sendo que o índice alcançado, situando acordos, é relativamente maior em primeiro grau do que em segundo grau.

Compreende-se, pois, que na conduta adotada pelo juízo, cujo procedimento exterioriza tramitação prioritária, principalmente quando houver envolvimento do Estado em sentido amplo, na condição de parte passiva, nota-se a verificação de comportamentos protelatórios.

Dessa forma, a técnica do juízo, caracterizado o comportamento abusivo ou protelatório, significa imposição de sanção, em benefício da justiça, para soerguer o primado da efetividade e respeitar o princípio da economia processual.

Efetivamente, a tramitação prioritária, para ser alcançada, a exemplo das demais, busca um quadro no qual o juízo preconize desmotivar a parte que se comporta de forma inconveniente, mediante a aplicação de sanção e outras penalidades correlatas.

Sempre que o juízo reconhecer litigância de má-fé, qualquer outra conduta, ou violação dos princípios processuais norteadores, deverá impor sanção, sem prejuízo de constatar, até de ofício, a possibilidade da fixação de perdas e danos.

Em linhas gerais, a contribuição do juízo é fundamental para se alcançar o princípio da economia processual de maneira concreta, substancialmente quando se atrelar à demanda impregnada de tramitação prioritária.

7

A Prioridade: Solução e suas Consequências

7.1 O monitoramento processual prioritário

O deferimento da tramitação prioritária, não só no processo papel, mas também no eletrônico, deverá ficar registrado no banco de dados, a fim de que o cartório judicial tenha a exata noção do privilégio.

Na realidade, o legislador, ao considerar idosas, pessoas contando com 60 anos de idade ou mais, e também aquelas que padecem de alguma moléstia mais grave, levou em consideração a satisfação da prestação jurisdicional em benefício da própria parte.

Não haveria o menor sentido se a tramitação prioritária fosse relevada ou colocada em segundo plano, mas a grande dificuldade repousa em saber, em primeiro lugar, dentro das limitações existentes, o número de processos prioritários e a sequência de sua repercussão na efetiva prestação jurisdicional.

Em linhas gerais, e dentro das condições locais de tramitação do feito, se o procedimento comum percorre, em primeira instância, uma duração média de dois anos, dependendo da natureza da matéria, lógica e obviamente, aquele prioritário refletirá prazo comparativamente menor.

Infelizmente, os dados estatísticos são escassos; além dos tribunais locais, cumpre ao CNJ, especificamente, delimitar a forma e também a compreensão em torno da legislação que privilegia o idoso ou a pessoa portadora de alguma moléstia.

O acesso eletrônico correspondente deve permitir, conseguintemente, aferir que ocorre a tramitação prioritária, em função da norma em vigor, mas, dependendo do juízo, muitas vezes isso pode representar meses no aguardo de um despacho e na consequente prolação de sentença.

Harmonicamente, como no século XXI a especialização tornou-se regra, de nada adiantaria transformar juízos exclusivamente para as causas prioritárias, cujo resultado não seria satisfatório.

Referida experiência foi testada, sem muito êxito, ao serem criados os juizados previdenciários, e a grande parte dos demandantes sob os auspícios da legislação, com enorme congestionamento e atravancamento.

Pontualmente, assinala-se que a eficiência do serviço, muito mais do que a norma disciplinadora, depende dos meios e da infraestrutura dispensada.

Dessa forma, a transparência é fundamental para que o serviço público encaminhe aquilo que for mais relevante, e as planilhas mensalmente preenchidas, de maneira igual, deveriam conter dados estatísticos a respeito de procedimentos prioritários.

Em termos de Brasil, os processos têm uma duração que pode atingir dez anos, principalmente em função de incidentes e dos recursos interpostos, daí por que esse monitoramento preconiza encurtamento e maior atenção do cartório, e também dos magistrados, para uma solução adequada.

Conflui na linha de raciocínio sinalizada que o cartório revele estatisticamente o número de processos com tramitação prioritária, as respectivas tutelas antecipadas concedidas, a duração do feito e o tempo necessário para prolação de sentença.

A terceira idade em solo local se aflige constantemente pela dificuldade na solução das questões, muito embora se propague, aos quatro cantos, os resultados eficientes da conciliação e da mediação.

Nada obstante, continua sendo o governo aquele que mais se enfronha nas lides e, além disso, temos que considerar que o cidadão idoso, contando com 60 anos de idade, ao obter êxito numa causa contra a Fazenda, ainda terá que aguardar a confecção de um precatório e a longa espera na fila para o seu recebimento.

É certo que existe um caminho específico, também tormentoso, em relação ao idoso credor contra a Fazenda, porém não se justifica a demora acentuada, sendo relevante abertura de caminho que reduza sistematicamente o prazo de recebimento para honrar a obrigação.

7.2 A natureza do benefício e sua individualidade

Dissemos que, para a concessão do benefício da tramitação prioritária, o interessado deverá comprovar o estado etário ou aspecto relevante ligado à condição de saúde.

Atingida essa etapa, o benefício tem natureza legal, reunindo as condições objetivas e subjetivas e de exclusiva individualidade, não se transferindo, ou tendo conotação de alcançar o causídico idêntica situação.

Essa perspectiva deve ser descortinada com bastante prudência, no sentido de evitar fraude, ou qualquer tipo de simulação, colimando a concessão do benefício indevidamente, apenas pelo critério de idade.

Dessa forma, se o demandante, por exemplo, pessoa jovem de 40 anos, após trilhar todas as etapas do procedimento, conseguir sucesso e obtiver a coisa julgada, resolva ceder o crédito ao respectivo pai, contando com 65 anos de idade, nessa hipótese não vemos como, por si só, atribuir a eficácia do benefício, sem outras análises detalhadas.

Não se desconhece que o autor poderá atingir a idade de 60 anos, durante a tramitação da causa, ou sofrer de alguma moléstia antes de terminar a lide, mas o intuito puro e simples de modificar posição processual para obter o benefício se afigura, no mínimo, desarrazoado.

Bem nessa visão, a individualização do benefício tem caráter *intuitu personae*, mas pode refletir na figura do litisconsórcio; admitamos uma ação movida por 20 servidores, na qual um deles tenha atingido 60 anos de idade, daí por que a concessão alcança a todos, indeterminada e indistintamente.

Nesse ângulo de visão, o benefício apresenta característica própria e não sinaliza preclusão, na medida em que pode, obedecidas as regras exigidas, ser concedido em qualquer etapa da fase de conhecimento ou de execução.

Nada inibe, também, que em fase de julgamento a circunstância torne-se cristalina, vejamos o caso de um segurado de plano de saúde, o qual conta com 65 anos de idade e precisa de um determinado medicamento, cuja recusa não se justifica.

Vencida a primeira etapa da lide, existente recurso, o estado de saúde do paciente veio a se agravar, estando na previsão encerrada no Diploma Normativo nº 12.008/09.

Dessa forma, presente qualquer patologia descrita, distribuído o processo ao relator, a ele cabe deferir o benefício, no propósito de avançar no julgamento dessa matéria.

A identificação do beneficiário muitas vezes pode gerar confusão ou permitir alguma discussão mais acadêmica, contudo é preciso aferir os pressupostos ao tempo do requerimento da tramitação prioritária.

Admita-se, na abertura de inventário ou arrolamento, que o representante do espólio tenha a idade de 60 anos completa, porém os demais herdeiros estão longe de atingi-la, razão pela qual, existente essa inclinação, o benefício se torna de rigor.

Poderá ocorrer a nomeação de inventariante dativo, a cargo do juízo, pessoa de sua confiança, então se indaga: se o nomeado é profissional advogado e com 65 anos de idade, a ele caberia o benefício, igualmente, da tramitação prioritária?

Em tese, sem sombra de dúvida, seria plausível, porém, como a nomeação partiu do juízo, sem vinculação direta ou indireta com herdeiros ou sucessores, entendemos que as regras da legislação não seriam aplicáveis à espécie.

Explica-se: o legislador não buscou artificialismo, mas sim a nua e crua realidade daquelas pessoas que vivenciam as agruras do serviço judiciário e da dificuldade da efetiva prestação jurisdicional.

Proclamada essa circunstância, o benefício diz respeito à parte, de forma natural e consentânea, ou qualquer outro que possua as características de alguma moléstia classificada no corpo do diploma normativo.

A questão da tramitação prioritária, longe disso, não representa uma discriminação ou uma acentuada diferenciação do procedimento comum, mas sim a ordem cronológica inerente aos despachos, andamento e etapa de sentenciamento.

Não existe, especificamente, uma diferenciação de velocidade na tramitação do processo, com isso queremos significar que se o processo comum alcança uma velocidade de 10 km/h, aquele prioritário jamais alcançará 100 km/h, porquanto a estrutura existente assim não permite.

Ao contrário, enquanto que o processo comum recebe um despacho mensal, ou a cada dois meses, conforme sua necessidade, aquele de tramitação prioritária exige um enxugamento para otimizar, com ergonomia, o resultado desejado.

Dessa maneira, não se cuida de atropelar fases e etapas ou de preterir o contraditório e a ampla defesa, mas de controlar, com rigor, o respectivo andamento e a sua efetividade.

Numa causa de cobrança condominial, exemplificativamente, a tramitação normal prosseguiria por um ano, no máximo, enquanto que naquela prioritária, sendo síndico pessoa idosa, contando com 70 anos de idade, a duração desejada deveria ser entre 6 a 10 meses.

Dir-se-ia que o resultado seria imperceptível, porém, não concordamos, isto porque ritos e etapas devem ser obedecidos, porém sem provocar nulidades, no espírito de se delimitar o alcance prático e a repercussão da prestação jurisdicional.

Consuma-se, enraizado esse sistema, destacar quantitativa e qualitativamente o grau de prioridade, em maior ou menor escala, no sentido de possibilitar ao cartório o correto acompanhamento das causas.

Num sistema típico de juizado previdenciário especializado, no qual 90% dos demandantes são idosos, verdadeiramente minimizam-se a função do cartório e o cômputo da aceleração do processo, uma vez que tudo cai na vara comum da rotina e das dificuldades, notadamente a contribuição da autarquia para reduzir o seu ânimo litigioso e recursal.

Bem definida a característica da tipologia relativa à classificação do idoso, ou portador de deficiência física ou mental, ou eventual moléstia incapacitante, considerada grave, comprovada por meio de documento idôneo, o julgador não tem espaço, mas sim fica vinculado à diretriz da concessão do benefício.

7.3 A prioridade como problema jurisdicional

Dissemos que a prioridade inerente à tramitação da causa, de conotação pessoal, uma vez deferida, alcança herdeiros ou sucessores, viúva supérstite e também a companheira, enfocando assim se a necessária agilidade seria a resposta para a solução do gargalo ou mero problema jurisdicional a ser sanado.

Entendemos que, na atual conjuntura, disciplina da tramitação prioritária, aplicável, também, no procedimento administrativo, apresenta um retrato indefinido e pouco explorado para, juntamente com dados estatísticos, demonstrar a satisfação pela qualidade do serviço jurisdicional.

Nessa circunstância, a prioridade tem sido mais um problema do que propriamente solução, na medida em que, e isso é consabido, a maioria dos cartórios judiciais apresenta déficit de funcionários e não aparelhamento de informática suficiente a respaldar a totalidade dessas causas.

Chama atenção o fato de, muitas vezes, a prioridade representar mero despacho de expediente, de simples rotina, com tarja nos autos, mas, comparativamente com outros feitos, não haver qualquer diferenciação em razão da tramitação.

Forte nesse aspecto, cumpre à pessoa interessada demonstrar que atende aos requisitos legais para efeito de requerimento do benefício, porém, a serventia judicial, ao revelar zelo na sua função, deve armazenar os procedimentos preferenciais, de molde a manter plena fiscalização e o impulso oficial funcionando.

Quadra destacar que não se trata de favor legal, ou de benefício judicial, mas sim de mero atributo, consubstanciando prioritária tramitação, independentemente da natureza da causa, do assunto debatido e das circunstâncias do litígio.

Ao ser deferida a prioridade, o cartório deve contemplar a situação no registro eletrônico dos autos e inserir tarja, facilitando o manuseio e a identificação funcional; vale ainda quando houver recurso e a superior instância, já na distribuição, poder identificar a prioridade, no sentido de o relator pautar o julgamento com maior agilidade.

Desafiado o sistema que demonstra paquidérmica velocidade e um total estrangulamento, fruto da Constituição de 1988, da concessão indeterminada de gratuidade e, mais frontalmente, do leque de quase 30 milhões de brasileiros que saíram do consumo zero para o consumo inconsciente, habilitados no crédito, temos um número significativo de demandas contras as instituições bancárias.

O diagnóstico evidencia, sem a menor dúvida, que a prioridade aos olhos do cartório e do serviço jurisdicional pode encerrar dado estatístico, sem a necessária adaptação de conveniência e oportunidade, a fim de gerar, a tempo real, a solução do impasse.

Explicitando mais de perto a hipótese, qual o real alcance da tramitação prioritária: se, no juizado especial, ou em vara comum, se as audiências estão lotadas e a data mais próxima seria para o ano seguinte?

Delimitada a concreta finalidade da norma, o juízo deverá, na medida do possível, acomodar a sua pauta e remanejá-la, no sentido de inserir o processo prioritário mesmo que, para isso, deva cancelar outra audiência de feito comum.

O argumento da tramitação em tempo real ganha adeptos e sensibiliza, porém, e isso deve ficar registrado, apresentará uma variação, ou oscilará consoante o local no qual tramita e o acúmulo de serviço existente.

Refletindo o norte da matéria e sua consequente finalidade, aquela de conferir tratamento especial aos processos dos idosos, ou daqueles portadores de moléstia, veio o legislador a modificar os dispositivos do Código de Processo Civil, porém sem aferir, pontualmente, a necessidade de melhoria do serviço, colocando funcionários ou ampliando a rede informatizada.

Define-se, por tal caminho, a percepção enigmática de uma aparente tramitação prioritária, emblemática, custosa, a qual se alicerça no texto legal, porém, na prática, não tem merecido, como deveria, a atenção do serviço jurisdicional.

Acrescentar-se-ia, ao núcleo do congestionamento desse tráfico de serviço, a perplexidade em dimensionar o quadro de processos prioritários e, ao mesmo tempo, criar um mecanismo que ensejasse o andamento de todas essas causas.

Não tendo o Judiciário, por questões variadas, recursos suficientes para atender às demandas dos jurisdicionados, notadamente aquelas que priorizam a tramitação, a vala comum parece ser mais um problema do que propriamente solução.

O enfrentamento da matéria permite sustentar que o legislador, considerando o tempo médio de duração da causa, enxergou nas pessoas idosas e doentes, as quais buscam e reivindicam seus direitos, atributos para a respectiva sustentação da diferenciação da tramitação.

O próprio art. 1.211-B, § 1º assinala que, deferida a prioridade, os autos receberão uma identificação própria para definir o conteúdo da tramitação e facilitar o andamento da causa.

Entretanto, não há, por outro ângulo, escaninho próprio e armazenamento para que os processos prioritários sejam verificados rotineiramente, além do que, em certos Estados da federação, em razão do espaço físico limitado, permanecem os processos em arquivos gerais.

Referidos acervos, normalmente, após a distribuição, permanecem num espaço físico no qual não há qualquer possibilidade de localização dos processos de tramitação prioritária, até em razão de não se encontrarem digitalizados.

Em outras palavras, a tramitação prioritária feita em primeiro grau, com todo o cuidado e zelo, aparentemente é pulverizada quando o procedimento dormita no acervo, aguardando a ordem de chegada, exceto se o interessado peticionar ao relator para que esse tente retirar aquele processo numerado.

Desenha-se, por tal hipótese, grave problema que o sistema não assimila, ou pelo menos, para o qual mostra-se desatento, qual seja, na remessa dos feitos, a entrada junto aos tribunais é feita de maneira rotineira e sem a autenticação da tarja especial.

Bem nessa visão, apenas quando for instado o relator terá meios de saber que o processo se reveste de tramitação prioritária, o que poderia facilmente ser solucionado se na distribuição, semanalmente realizada, viesse a informação do número de processos e se declinasse, do montante, aqueles prioritários.

Feito isso, ao invés de retornarem, todos eles, logo em seguida à distribuição, para o acervo geral, os prioritários seriam destinados aos respectivos relatores e assim, na medida do possível, profeririam seus votos.

Nota-se não se tratar de mero formalismo, ou de burocracia. Isso porque muitas matérias já foram sumuladas, ou encontram entendimento pacificado na Câmara julgadora, motivo pelo qual, em função da prioridade, nada impede que o relator profira decisão monocrática.

É hipótese bastante usual aquela concernente ao fornecimento de medicamentos, em que determinado paciente, portador de moléstia classificada pelo Diploma Normativo nº 12.008/09, solicita entrega do medicamento para tratamento de grave patologia, deferida a tutela em primeiro grau e julgada improcedente a ação, ainda subsiste a esperança do recurso, cujo relator, em tempo mais adequado, proferirá decisão, inclusive monocrática, obrigando o Estado a prover o remédio, visando, sobretudo, evitar resultado negativo e prejuízo pela demora na decisão colegiada.

7.4 Congestionamento e vantagens do benefício

O CNJ, por intermédio de dados estatísticos, vem procurando diagnosticar e estabelecer metas a serem cumpridas, no propósito de minorar o distanciamento entre a Justiça e o próprio jurisdicionado.

Entretanto, por ser o país continental, com extensão superior a 8 milhões de km², e adotar um Código único, os problemas começam a ser enfrentados, mas a solução a médio prazo é quase impossível.

Acentua-se, com mais frequência, a precária situação carcerária e, mais ainda, aquela dos benefícios na evolução da pena e do respectivo exame criminológico, verdadeiros mutirões estão sendo realizados, no intuito de retirar o atraso e conferir aos cidadãos o direito reivindicado.

Conquanto a estrutura existente esteja muito aquém daquela necessária, o esforço humano tem sido constante, mas não existe forma, muito menos instrumento, para que a estrutura enxuta do CNJ possa detectar, dentro dessas condições, todas as imperfeições.

As justiças estaduais sofrem da lentidão e as federais experimentam morosidade, em termos comparativos com o direito estrangeiro; tal reflete na sistemática impunidade e na dificuldade de serem punidos os delitos de colarinho branco e de outras gravidades mais comuns.

Em relação à tramitação prioritária, muito pouco tem sido feito, de concreto, a fim de que sejam proclamadas metas e estabelecidas diretrizes que caminhem ao encontro dos interessados.

A inclusão de objetivos próprios se coaduna com o quadro identificado pelo CNJ, tribunais estaduais e justiça federal, porém, não se extrai de tudo isso um consenso o qual possa dirimir o entrechoque de interesses.

Na montanha de processos com os quais se convive, precisamente, o ataque deve ser feito, de forma estratégica, racional e logística. A propósito, o STF e o STJ, ambos radiografaram essa realidade, na criação do modelo do recurso repetitivo e na repercussão geral, evitando assim milhares de ações inócuas, muitas delas já apreciadas.

Prioriza-se, nesse ponto, a concatenação da ideia e seu raciocínio, de tal forma a suscitar ações coletivas, no âmbito de classes ou categorias, propostas pelos idosos, no intuito de lhes proporcionar maior segurança e menor tempo de espera no resultado prático da demanda.

De pouca tradição no país, a ação coletiva ainda não apresenta índices satisfatórios, sendo que, invariavelmente, trilham, os idosos, lides individuais e, por tal fenomenologia, aguardam anos a fio até a formação da coisa julgada.

Protegem as ações coletivas os consumidores, o meio ambiente, o interesse público e, substancialmente, aquelas políticas que o Estado não coloca em prática e, portanto, as entidades de classe desafiam.

Dessa forma, admitamos que determinada classe de servidores aposentados pretenda obter do empregador, Administração Pública, a concessão de vantagens, ou a discussão sobre o desconto da seguridade social.

É definitivamente muito mais eficiente, ostentando efetividade, a postulação coletiva, a qual definirá, essencialmente, a respeito do cabimento, ou não, do benefício questionado.

Demais a mais, consubstanciada a demanda coletiva, permite-se o sobrestamento das lides individuais, muito a caráter, evitando-se decisões colidentes e, no sucesso da primeira, todos os demais usufruem as garantias, ao tempo da executoriedade do julgado.

O sistema deveria, por tal ângulo, permitir, sem qualquer dúvida, fosse constatada a presença de ação coletiva, de sorte a influenciar no resultado e abranger os interesses subjetivos da demanda individual.

O atributo da vantagem de tramitação prioritária, portanto, não pode ser compreendido, ou interpretado, de maneira interna, mas sim finalística, de verdadeiro interesse difuso, para que irradie todos os seus efeitos e transmita segurança e certeza jurídicas.

Encontrando-se um denominador comum para sedimentar o interesse do idoso e dos demais que se classificam sob a égide legal, nada impediria o ingresso da ação coletiva, pela entidade, associação de classe, colimando prestação *erga omnes*.

Essa realidade, em casos de doenças, fica mais evidente, quando, exemplificativamente, portadores do Mal de Parkinson, em ação coletiva, ingressam com a demanda para que o Estado forneça medicamento que minimize o sofrimento da patologia e reduza consideravelmente a sua sintomatologia.

Obtida a droga por decisão proferida no bojo da ação coletiva, responsabilizando o Estado pelo fornecimento de medicamento importado, de alto custo, porém testado, cujo uso indica resultado impressionante no combate à evolução do quadro degenerativo, obviamente fulminam-se as ações individuais e se aplica o princípio, indistintamente, a todos os que comprovem a moléstia.

Reveste-se, portanto, de importância o conhecimento das ações coletivas, uma espécie de armazenamento, configurando banco de dados, no sentido de transmitir ciência do estágio da lide e, ao mesmo tempo, oportunidade ao juiz singular de suspender o andamento da causa e aguardar a decisão de efeito *erga omnes*, favorecendo aos interessados demandando individualmente.

Em relação à execução da tutela coletiva, para não causar maior congestionamento, ou implicar gasto imprevisto, radica-se a tese no sentido de extensão territorial ao favorecido.

Permite-se, em tal sentir, que em relação a uma decisão coletiva proferida em determinada Comarca, admitamos, São Paulo, possa dela usufruir o interessado no seu próprio domicílio, por exemplo, a cidade e Comarca de Santos.

Bem por tudo examinado, a capilaridade do procedimento de tramitação prioritária transmite o sentido teleológico da interpretação normativa, ao conferir à classe essa prerrogativa.

Em sentido direto, a entidade que representa os interesses dos idosos, pessoa moral ou pessoa jurídica, usufrui da mesma regalia, e não poderia ser diferente, face à tramitação prioritária.

Trata-se de separar a hipótese daquela na qual o idoso é associado simplesmente para favorecer o requerimento do benefício, mas sem qualquer delimitação específica.

Admitamos, a título de exemplo, entidade de proteção ao consumidor que interpõe demanda para que as cantinas das escolas informem o conteúdo calórico dos seus produtos, ou inibam seu fornecimento.

Referida entidade conta em seu quadro com associados, pais de alunos, os quais alcançam a idade prevista de 60 anos, porém, no caso específico, a prioridade na tramitação não está caracterizada, até porque, diretamente, o favorecido será o aluno, acaso a medida profilática seja acolhida.

7.5 Renúncia ao benefício e sua validade

Cogitada a peculiaridade do benefício e a sua observância para efeito de deferimento, a título de requerimento, questiona-se se o interessado em razão da causa, ou da matéria discutida, poderia *sponte* sua, renunciar.

A tese encerraria eventual contradição, na medida em que a prioridade, reconhecido o direito, favoreceria a prestação jurisdicional em tempo real.

Com efeito, considerando que o Diploma Normativo nº 12.008/09 reportou-se ao requerimento feito pelo interessado ao juízo, tal não significa, por evidente, que ainda de forma inusual poderá renunciar.

Referida renúncia reveste-se de validade e eficácia para o normal andamento da causa, sem qualquer tarja de conotação prioritária, de tal sorte que o renunciante submete-se ao rito comum de andamento.

E nesse sentido, a nosso ver, feita a renúncia e homologada pelo juízo, por se tratar de direito próprio, ainda que transmissível aos herdeiros, aos sucessores, ao cônjuge e, ainda, ao companheiro, a medida não poderá ser atacada por qualquer recurso.

Definitivamente, ao abrir mão de uma prerrogativa legal, submete-se o autor da causa, por tal ângulo, à regularidade da tramitação, dentro do conceito próprio que lhe é peculiar.

O legislador adotou nesse sentido o conceito de parte, de pessoa interessada, razão pela qual, salvo melhor juízo, poderá ocupar o polo ativo, o passivo, qualificar-se como terceiro interessado, ou na circunstância da intervenção de terceiros.

Destarte a referida prioridade, havendo expressa renúncia pelo requerido, pessoa idosa, nada obsta prejuízo acaso seja conceda a respectiva tramitação privilegiada, matéria de ordem pública.

Estamos diante de uma realidade fática, cuja tramitação prioritária é do processo, mas antes pressupõe o requerimento da parte.

Conferida essa circunstância, indagamos se a prioridade deferida poderia, mais a frente, a pedido do interessado, ser revogada.

Entendemos plausível se estiverem cessadas suas condições, cujo enfoque, propriamente dito, trata daquela patologia causadora de moléstia, exemplificativamente, pessoa portadora de cardiopatia grave, recebendo tratamento especializado, veio a se curar, no curso do tratamento e durante a tramitação da causa.

Não se justifica mais, na hipótese versada, a manutenção da prioridade da tramitação se fato superveniente teve o condão de descaracterizar a moléstia e simplesmente inexiste risco algum para o andamento normal da lide.

O que é fundamental observar diz respeito à sintonia do benefício, se no processo existirem, no polo ativo e no passivo, dezenas de pessoas físicas, as quais tenham idade igual ou superior a 60 anos, não é pela quantidade que a tramitação será mais veloz, definida essa trilha, colocada tarja no procedimento, pouco importa o número de idosos, mas sim a condição objetiva para privilegiar a tramitação.

Sustentamos, nessa discussão, ser viável a renúncia, cuja validade atinge o renunciante, e transmite essa condição ao demais, assim, se pessoa idosa renunciou expressamente à tramitação prioritária e veio a falecer, duvidosa se torna a aplicação do art. 1.211-C do atual Código de Processo Civil.

A interpretação tem outra primazia, haja vista que, para que fosse possível irradiar os mesmos efeitos decorrentes do óbito, natural que estivesse o procedimento sob a tarja de prioridade e, mediante renúncia expressa, dela abriu mão o interessado, motivo pelo qual, somente o juízo, e a mais ninguém, caberá analisar eventual postulação.

Havendo menores ou intervindo o Ministério Público, os efeitos da renúncia estariam superados com o evento morte, mas a questão é diversa, isso porque não ilustra a idade ou patologia.

E referida renúncia, se fora feita com intuito prejudicial ou danoso, não poderá persistir em relação a terceiros, superveniente o óbito, na medida em que o interesse de não agilizar o feito traduziria o intuito exclusivamente de ordem subjetiva, o qual desapareceu em virtude do óbito.

Devemos, portanto, conferir a interpretação da renúncia e sua validade no caso concreto, porquanto pautou o legislador em atribuir a qualquer interessado o reclamo, de tal sorte que o próprio ocupante do polo passivo terá oportunidade de postular na defesa ou eventualmente na reconvenção.

Imaginemos uma ação cautelar em uma ação de protesto, por cheques emitidos, cujo autor descreve má prestação do serviço prestado.

No entanto, além de ter sido integralmente realizado o serviço, verifica-se, pela proposição da ação declaratória de inexigibilidade do título cambiário, simples intuito protelatório de pagar, considerando que o credor, beneficiário da cártula, ostenta idade de 60 anos, nada impede, aliás, tudo recomenda, que ele requeira a tramitação prioritária para exata e justa solução do litígio.

Diluído o intuito de se buscar por meio da renúncia simples procedimento de tramitação prioritária, comprovando a parte contrária esse objetivo, dissimulação ou retardo na satisfação da obrigação, secundado pela demora natural do processo, comprovando-se o fato, a renúncia deverá ser revista.

Aparentemente, portanto, o renunciante, ocupando o polo ativo ou passivo da ação, poderá simplesmente deixar de requerer o benefício de tramitação prioritária, ou para evitar exposição, expressamente renunciar.

A renúncia inadvertidamente transparece algo incomum, inusual, a causar perplexidade, porém, não havendo simulação ou qualquer efeito prático, além do que não existe congestionamento naquele cartório no qual tramita a causa, interpreta-se a renúncia de forma natural.

O que suscitaria alguma dúvida na sua formulação, não em razão da complexidade, mas sim objetividade, seria quando o interessado, no início da lide, contando com 60 anos, fizer a renúncia homologada e, depois de dois anos, quando o processo estiver na fase de perícia vier a descobrir que sofre de grave patologia.

Nesse sentido, a renúncia inicial nada se refere com a condição objetiva revelada pela moléstia, daí por que não encontramos obstáculo, ou eventual conflito, no sentido de ser prestigiado o requerimento.

A renúncia feita, logicamente, apenas radiografou no estágio primeiro da causa, sem nenhum critério distinto, aparecendo a patologia e sua natureza grave; de acordo com a legislação, a renúncia feita, por si só, não impede que se requeira a concessão e a consequente revogação anterior.

Estabelecidas essas premissas e diagramadas as suas peculiaridades, pudemos observar que a tramitação prioritária ainda se ressente de uma normatização própria, tanto das corregedorias e, principalmente, do CNJ.

E sendo crescente o número de processos abertos por idosos, não podemos, em momento algum, desconhecer essa posição.

O florescer de um processo moderno, justo, adequado e do tempo razoável de duração, atendendo aos idosos ou portadores de moléstias, no processo papel ou no processo eletrônico, passa, inexoravelmente, pela melhoria das condições de trabalho, de treinamento técnico, de infraestrutura, de suporte e, sistematicamente, da adequação do número de magistrados à vertente da explosão de demandas.

Contudo, as ações coletivas, se forem adotadas, poderão servir de potente e importante instrumento regulatório do mercado e conferir aos idosos e portadores de moléstias a essencial esperança de se transformar um processo de tramitação indeterminada, naquele procedimento de andamento seguro, na consecução de uma prestação jurisdicional eficiente.

A indispensável efetividade, a qual guarnece os procedimentos de idosos, e pessoas com patologia, inaugura, em pleno século XXI, roupagem absolutamente destacada em função da tramitação prioritária.

8

Considerações Finais

Ao encerrarmos este despretensioso trabalho no qual nos propusemos a avaliar o mecanismo de segurança e estabilidade jurídica, não poderíamos simplesmente, lavando as mãos, nos omitir em atenção ao significado previsto na Lei nº 12.008, de 29 de julho de 2009.

Capacitando a tramitação prioritária por faixa etária e também enfermidade grave, o legislador não ofereceu os meios, e muito menos os instrumentos para se tornar realidade a respectiva mora.

Enfrentamos inúmeros problemas pontuais e plurais na regra aplicada às pessoas de 60 anos e também àquelas portadoras de doença grave, porquanto existe significativa distância entre o conteúdo da regra e o cotidiano da Justiça.

O que notamos é, na prática, que a tramitação prioritária é mera formalidade constante da capa dos autos, ou de chamada do processo eletrônico, sem a necessária e devida preocupação de acompanhamento diuturno.

Constata-se, além disso, o crescimento da população que, incentivada pelos benefícios constitucionais e de ordem legal, reclama da tutela jurisdicional, sem muita efetividade.

A sinopse que permeia a plasticidade da leitura redacional apresenta na sua dicção inúmeros entraves e coloca em relevo a posição de acompanhamento, monitoramento e supervisão final do CNJ.

Ao reduzir a idade de 65 para 60 anos, contemplando o parâmetro do Estatuto do Idoso, o legislador, talvez sem perceber, trouxe para o benefício milhões de brasileiros que aguardam definições de suas situações processuais.

A regra programática não é pragmática, desafiando planejamento judicial, acompanhamento persuasivo, e mais ainda, o incentivo à conciliação e às denominadas ações coletivas (*class action*).

No entanto, para que tal pressuposto fosse preservado no espírito do legislador, o benefício deveria ter igual calibre.

Senão, vejamos.

Milhares de poupadores de 60 anos de idade, individualmente, propuseram ações para recebimento dos expurgos inflacionários; se fossem ajuizadas demandas coletivas, desafogaria e muito a Justiça, cujas decisões teriam conotações *erga omnes*.

A simbologia do Código do Consumidor precisa ser encarada, vivamente, com o fundamento maior dos interesses coletivos a serem preservados; não há mais espaço para ações individuais que atinjam universo indeterminado de pessoas.

Na vertente configurada, e no contexto considerado, temos que o princípio da tramitação prioritária, na realidade, ganha corpo, porém, acreditar na agilidade, eficiência e na própria efetividade, tudo isso ainda representa um traço de ficção.

A crítica é construtiva e visa, sobretudo, demonstrar que, a exemplo da Constituição de 1988, o legislador, muitas vezes atormentado pelos períodos autoritários, buscou resolver tudo consagrando direitos e garantias individuais.

Entretanto, não se deu conta que a estrutura judiciária brasileira é extremamente debilitada, com muito represamento, sem se imputar a responsabilidade ao Estado-juiz, porém, aos demais poderes que não respondem pela aplicação prática da norma.

Balizado o entendimento da engrenagem congestionada, na priorização da tramitação que simplesmente implicaria no conteúdo emblemático da regra, a fim de se tornar realidade, precisaríamos de mecanismos mais efetivos.

Ressaltamos, na oportunidade, alguns predicados que contribuiriam para agilizar o procedimento sob a disciplina da Lei nº 12.008/2009:

    a) infraestrutura destinada ao acompanhamento de procedimentos específicos de idosos e pessoas portadoras de doença grave;

    b) tramitação diferenciada, específica, com monitoramento e rastreamento dos procedimentos;

c) prioridade real em todas as diligências, tutela antecipada e prestação jurisdicional, conforme a ordem do benefício concedido;

d) planejamento, reestruturação, com princípio programático de solução instrumental dessas lides;

e) meios alternativos conciliatórios, inclusive em segundo grau, para alcançar o tempo razoável de duração do processo;

f) estudo sistemático das demandas repetitivas para tutelas coletivas e abrangentes;

g) disposição de súmulas e uniformização jurisprudencial em prol da efetividade da tramitação prioritária;

h) pacificação prioritária de índices nos processos eletrônicos;

i) transparência e previsibilidade, notadamente em segundo grau, para definição dos recursos dessa natureza;

j) criação de câmaras especializadas, inclusive conciliatórias, destinadas à especialização por matéria e provimentos de urgência;

k) retrato do número de feitos envolvendo processos de pessoas idosas e portadoras de grave moléstia;

l) imediata distribuição dos recursos e provimentos de urgência de processos de tramitação prioritária;

m) análise pelas instâncias superiores do STJ e STF dos processos disciplinados pela Lei nº 12.008/2009;

n) setores especializados dos Juizados de Pequenas Causas para atendimento, acompanhamento e decisões de processos de tramitação prioritária;

o) exame das causas de congestionamento e solução de continuidade para redefinição do conteúdo e tramitação prioritária;

p) identificação dos litígios e dos casos nos quais o Estado retarde o cumprimento da obrigação de ordem judicial;

q) extensão do benefício, na hipótese de óbito, aos descendentes do beneficiário, cristalizando a finalidade do escopo legislativo;

r) imposição de sanções, litigância de má-fé, perdas e danos, atos atentatórios contra a dignidade da Justiça contra o devedor, que retarda o cumprimento da ordem judicial;

s) incidência da Teoria da Causa Madura, quando reformadas as sentenças de extinção, em primeiro grau, para análise de mérito em segundo grau, art. 515, § 3º, do CPC;

t) descomplicar o sistema de precatórios, regime especial, nos casos de processos de tramitação prioritária;

u) utilização obrigatória da conciliação em todas as causas regidas pela Lei nº 12.008/09;

v) colheita antecipada da prova e incidência do princípio da prova emprestada;

w) formação de litisconsórcio necessário ou facultativo nas causas nas quais figurem interesses dos idosos, podendo ser ampliado o número até o máximo de 50 pessoas.

x) responsabilização depurada e fundada na responsabilidade objetiva reportada ao Estado-Juiz, inclusive sob a ótica do dano moral, em virtude da demora excessiva na tramitação da causa e na eternização de concreta solução.

O retrato final permite concluir que apenas a letra fria disciplinada na norma não constitui mecanismo que prioriza a efetividade e instrumentalidade processuais definidas pelo legislador, cuja superação dos entraves diagnostica enraizamento profundo no debruçar sobre as causas e mazelas obstativas da função maior do tempo razoável da duração do processo.

9

Anexos (Lei nº 10.741/2003 e Lei nº 12.008/2009)

Presidência da República
Casa Civil
Subchefia para Assuntos Jurídicos

LEI Nº 10.741, DE 1º DE OUTUBRO DE 2003

Dispõe sobre o Estatuto do Idoso e dá outras providências.

O PRESIDENTE DA REPÚBLICA Faço saber que o Congresso Nacional decreta e eu sanciono a seguinte Lei:

TÍTULO I
Disposições Preliminares

Art. 1º É instituído o Estatuto do Idoso, destinado a regular os direitos assegurados às pessoas com idade igual ou superior a 60 (sessenta) anos.

Art. 2º O idoso goza de todos os direitos fundamentais inerentes à pessoa humana, sem prejuízo da proteção integral de que trata esta Lei, assegurando-se-lhe, por lei ou por outros meios, todas as oportunidades e facilidades, para preservação de sua saúde física e mental e seu aperfeiçoamento moral, intelectual, espiritual e social, em condições de liberdade e dignidade.

Art. 3º É obrigação da família, da comunidade, da sociedade e do Poder Público assegurar ao idoso, com absoluta prioridade, a efetivação do direito à vida, à saúde, à alimentação, à educação, à cultura, ao esporte, ao lazer, ao trabalho, à cidadania, à liberdade, à dignidade, ao respeito e à convivência familiar e comunitária.

Parágrafo único. A garantia de prioridade compreende:

I – atendimento preferencial imediato e individualizado junto aos órgãos públicos e privados prestadores de serviços à população;

II – preferência na formulação e na execução de políticas sociais públicas específicas;

III – destinação privilegiada de recursos públicos nas áreas relacionadas com a proteção ao idoso;

IV – viabilização de formas alternativas de participação, ocupação e convívio do idoso com as demais gerações;

V – priorização do atendimento do idoso por sua própria família, em detrimento do atendimento asilar, exceto dos que não a possuam ou careçam de condições de manutenção da própria sobrevivência;

VI – capacitação e reciclagem dos recursos humanos nas áreas de geriatria e gerontologia e na prestação de serviços aos idosos;

VII – estabelecimento de mecanismos que favoreçam a divulgação de informações de caráter educativo sobre os aspectos biopsicossociais de envelhecimento;

VIII – garantia de acesso à rede de serviços de saúde e de assistência social locais;

IX – prioridade no recebimento da restituição do Imposto de Renda. (Incluído pela Lei nº 11.765, de 2008)

Art. 4º Nenhum idoso será objeto de qualquer tipo de negligência, discriminação, violência, crueldade ou opressão, e todo atentado aos seus direitos, por ação ou omissão, será punido na forma da lei.

§ 1º É dever de todos prevenir a ameaça ou violação aos direitos do idoso.

§ 2º As obrigações previstas nesta Lei não excluem da prevenção outras decorrentes dos princípios por ela adotados.

Art. 5º A inobservância das normas de prevenção importará em responsabilidade à pessoa física ou jurídica nos termos da lei.

Art. 6º Todo cidadão tem o dever de comunicar à autoridade competente qualquer forma de violação a esta Lei que tenha testemunhado ou de que tenha conhecimento.

Art. 7º Os Conselhos Nacional, Estaduais, do Distrito Federal e Municipais do Idoso, previstos na Lei nº 8.842, de 4 de janeiro de 1994, zelarão pelo cumprimento dos direitos do idoso, definidos nesta Lei.

TÍTULO II
Dos Direitos Fundamentais

CAPÍTULO I
Do Direito à Vida

Art. 8º O envelhecimento é um direito personalíssimo e a sua proteção um direito social, nos termos desta Lei e da legislação vigente.

Art. 9º É obrigação do Estado, garantir à pessoa idosa a proteção à vida e à saúde, mediante efetivação de políticas sociais públicas que permitam um envelhecimento saudável e em condições de dignidade.

CAPÍTULO II
Do Direito à Liberdade, ao Respeito e à Dignidade

Art. 10. É obrigação do Estado e da sociedade, assegurar à pessoa idosa a liberdade, o respeito e a dignidade, como pessoa humana e sujeito de direitos civis, políticos, individuais e sociais, garantidos na Constituição e nas leis.

§ 1º O direito à liberdade compreende, entre outros, os seguintes aspectos:

I – faculdade de ir, vir e estar nos logradouros públicos e espaços comunitários, ressalvadas as restrições legais;

II – opinião e expressão;

III – crença e culto religioso;

IV – prática de esportes e de diversões;

V – participação na vida familiar e comunitária;

VI – participação na vida política, na forma da lei;

VII – faculdade de buscar refúgio, auxílio e orientação.

§ 2º O direito ao respeito consiste na inviolabilidade da integridade física, psíquica e moral, abrangendo a preservação da imagem, da identidade, da autonomia, de valores, ideias e crenças, dos espaços e dos objetos pessoais.

§ 3º É dever de todos zelar pela dignidade do idoso, colocando-o a salvo de qualquer tratamento desumano, violento, aterrorizante, vexatório ou constrangedor.

CAPÍTULO III
Dos Alimentos

Art. 11. Os alimentos serão prestados ao idoso na forma da lei civil.

Art. 12. A obrigação alimentar é solidária, podendo o idoso optar entre os prestadores.

Art. 13. As transações relativas a alimentos poderão ser celebradas perante o Promotor de Justiça ou Defensor Público, que as referendará, e passarão a ter efeito de título executivo extrajudicial nos termos da lei processual civil. (*Redação dada pela Lei nº 11.737, de 2008*)

Art. 14. Se o idoso ou seus familiares não possuírem condições econômicas de prover o seu sustento, impõe-se ao Poder Público esse provimento, no âmbito da assistência social.

CAPÍTULO IV
Do Direito à Saúde

Art. 15. É assegurada a atenção integral à saúde do idoso, por intermédio do Sistema Único de Saúde – SUS, garantindo-lhe o acesso universal e igualitário, em conjunto articulado e contínuo das ações e serviços, para a prevenção, promoção, proteção e recuperação da saúde, incluindo a atenção especial às doenças que afetam preferencialmente os idosos.

§ 1º A prevenção e a manutenção da saúde do idoso serão efetivadas por meio de:

I – cadastramento da população idosa em base territorial;

II – atendimento geriátrico e gerontológico em ambulatórios;

III – unidades geriátricas de referência, com pessoal especializado nas áreas de geriatria e gerontologia social;

IV – atendimento domiciliar, incluindo a internação, para a população que dele necessitar e esteja impossibilitada de se locomover, inclusive para idosos abrigados e acolhidos por instituições públicas, filantrópicas ou sem fins lucrativos e eventualmente conveniadas com o Poder Público, nos meios urbano e rural;

V – reabilitação orientada pela geriatria e gerontologia, para redução das sequelas decorrentes do agravo da saúde.

§ 2º Incumbe ao Poder Público fornecer aos idosos, gratuitamente, medicamentos, especialmente os de uso continuado, assim como próteses, órteses e outros recursos relativos ao tratamento, habilitação ou reabilitação.

§ 3º É vedada a discriminação do idoso nos planos de saúde pela cobrança de valores diferenciados em razão da idade.

§ 4º Os idosos portadores de deficiência ou com limitação incapacitante terão atendimento especializado, nos termos da lei.

Art. 16. Ao idoso internado ou em observação é assegurado o direito a acompanhante, devendo o órgão de saúde proporcionar as condições adequadas para a sua permanência em tempo integral, segundo o critério médico.

Parágrafo único. Caberá ao profissional de saúde responsável pelo tratamento conceder autorização para o acompanhamento do idoso ou, no caso de impossibilidade, justificá-la por escrito.

Art. 17. Ao idoso que esteja no domínio de suas faculdades mentais é assegurado o direito de optar pelo tratamento de saúde que lhe for reputado mais favorável.

Parágrafo único. Não estando o idoso em condições de proceder à opção, esta será feita:

I – pelo curador, quando o idoso for interditado;

II – pelos familiares, quando o idoso não tiver curador ou este não puder ser contactado em tempo hábil;

III – pelo médico, quando ocorrer iminente risco de vida e não houver tempo hábil para consulta a curador ou familiar;

IV – pelo próprio médico, quando não houver curador ou familiar conhecido, caso em que deverá comunicar o fato ao Ministério Público.

Art. 18. As instituições de saúde devem atender aos critérios mínimos para o atendimento às necessidades do idoso, promovendo o treinamento e a capacitação dos profissionais, assim como orientação a cuidadores familiares e grupos de auto-ajuda.

Art. 19. Os casos de suspeita ou confirmação de maus-tratos contra idoso serão obrigatoriamente comunicados pelos profissionais de saúde a quaisquer dos seguintes órgãos:

I – autoridade policial;

II – Ministério Público;

III – Conselho Municipal do Idoso;

IV – Conselho Estadual do Idoso;

V – Conselho Nacional do Idoso.

CAPÍTULO V
Da Educação, Cultura, Esporte e Lazer

Art. 20. O idoso tem direito a educação, cultura, esporte, lazer, diversões, espetáculos, produtos e serviços que respeitem sua peculiar condição de idade.

Art. 21. O Poder Público criará oportunidades de acesso do idoso à educação, adequando currículos, metodologias e material didático aos programas educacionais a ele destinados.

§ 1º Os cursos especiais para idosos incluirão conteúdo relativo às técnicas de comunicação, computação e demais avanços tecnológicos, para sua integração à vida moderna.

§ 2º Os idosos participarão das comemorações de caráter cívico ou cultural, para transmissão de conhecimentos e vivências às demais gerações, no sentido da preservação da memória e da identidade culturais.

Art. 22. Nos currículos mínimos dos diversos níveis de ensino formal serão inseridos conteúdos voltados ao processo de envelhecimento, ao respeito e à valorização do idoso, de forma a eliminar o preconceito e a produzir conhecimentos sobre a matéria.

Art. 23. A participação dos idosos em atividades culturais e de lazer será proporcionada mediante descontos de pelo menos 50% (cinquenta por cento) nos ingressos para eventos artísticos, culturais, esportivos e de lazer, bem como o acesso preferencial aos respectivos locais.

Art. 24. Os meios de comunicação manterão espaços ou horários especiais voltados aos idosos, com finalidade informativa, educativa, artística e cultural, e ao público sobre o processo de envelhecimento.

Art. 25. O Poder Público apoiará a criação de universidade aberta para as pessoas idosas e incentivará a publicação de livros e periódicos, de conteúdo e padrão editorial adequados ao idoso, que facilitem a leitura, considerada a natural redução da capacidade visual.

CAPÍTULO VI
Da Profissionalização e do Trabalho

Art. 26. O idoso tem direito ao exercício de atividade profissional, respeitadas suas condições físicas, intelectuais e psíquicas.

Art. 27. Na admissão do idoso em qualquer trabalho ou emprego, é vedada a discriminação e a fixação de limite máximo de idade, inclusive para concursos, ressalvados os casos em que a natureza do cargo o exigir.

Parágrafo único. O primeiro critério de desempate em concurso público será a idade, dando-se preferência ao de idade mais elevada.

Art. 28. O Poder Público criará e estimulará programas de:

I – profissionalização especializada para os idosos, aproveitando seus potenciais e habilidades para atividades regulares e remuneradas;

II – preparação dos trabalhadores para a aposentadoria, com antecedência mínima de 1 (um) ano, por meio de estímulo a novos projetos sociais, conforme seus interesses, e de esclarecimento sobre os direitos sociais e de cidadania;

III – estímulo às empresas privadas para admissão de idosos ao trabalho.

CAPÍTULO VII
Da Previdência Social

Art. 29. Os benefícios de aposentadoria e pensão do Regime Geral da Previdência Social observarão, na sua concessão, critérios de cálculo que preservem o valor real dos salários sobre os quais incidiram contribuição, nos termos da legislação vigente.

Parágrafo único. Os valores dos benefícios em manutenção serão reajustados na mesma data de reajuste do salário-mínimo, **pro rata**, de acordo com suas respectivas datas de início ou do seu último reajustamento, com base em percentual definido em regulamento, observados os critérios estabelecidos pela Lei nº 8.213, de 24 de julho de 1991.

Art. 30. A perda da condição de segurado não será considerada para a concessão da aposentadoria por idade, desde que a pessoa conte com, no mínimo, o tempo de contribuição correspondente ao exigido para efeito de carência na data de requerimento do benefício.

Parágrafo único. O cálculo do valor do benefício previsto no **caput** observará o disposto no **caput** e § 2º do art. 3º da Lei nº 9.876, de 26 de novembro de 1999, ou, não havendo salários de contribuição recolhidos a partir da competência de julho de 1994, o disposto no art. 35 da Lei nº 8.213, de 1991.

Art. 31. O pagamento de parcelas relativas a benefícios, efetuado com atraso por responsabilidade da Previdência Social, será atualizado pelo mesmo índice utilizado para os reajustamentos dos benefícios do Regime Geral de Previdência Social, verificado no período compreendido entre o mês que deveria ter sido pago e o mês do efetivo pagamento.

Art. 32. O Dia Mundial do Trabalho, 1º de Maio, é a data-base dos aposentados e pensionistas.

CAPÍTULO VIII
Da Assistência Social

Art. 33. A assistência social aos idosos será prestada, de forma articulada, conforme os princípios e diretrizes previstos na Lei Orgânica da Assistência Social, na Política Nacional do Idoso, no Sistema Único de Saúde e demais normas pertinentes.

Art. 34. Aos idosos, a partir de 65 (sessenta e cinco) anos, que não possuam meios para prover sua subsistência, nem de tê-la provida por sua família, é assegurado o benefício mensal de 1 (um) salário-mínimo, nos termos da Lei Orgânica da Assistência Social – Loas.

Parágrafo único. O benefício já concedido a qualquer membro da família nos termos do **caput** não será computado para os fins do cálculo da renda familiar **per capita** a que se refere a Loas.

Art. 35. Todas as entidades de longa permanência, ou casa-lar, são obrigadas a firmar contrato de prestação de serviços com a pessoa idosa abrigada.

§ 1º No caso de entidades filantrópicas, ou casa-lar, é facultada a cobrança de participação do idoso no custeio da entidade.

§ 2º O Conselho Municipal do Idoso ou o Conselho Municipal da Assistência Social estabelecerá a forma de participação prevista no § 1º, que não poderá exceder a 70% (setenta por cento) de qualquer benefício previdenciário ou de assistência social percebido pelo idoso.

§ 3º Se a pessoa idosa for incapaz, caberá a seu representante legal firmar o contrato a que se refere o **caput** deste artigo.

Art. 36. O acolhimento de idosos em situação de risco social, por adulto ou núcleo familiar, caracteriza a dependência econômica, para os efeitos legais.

CAPÍTULO IX
Da Habitação

Art. 37. O idoso tem direito a moradia digna, no seio da família natural ou substituta, ou desacompanhado de seus familiares, quando assim o desejar, ou, ainda, em instituição pública ou privada.

§ 1º A assistência integral na modalidade de entidade de longa permanência será prestada quando verificada inexistência de grupo familiar, casa-lar, abandono ou carência de recursos financeiros próprios ou da família.

§ 2º Toda instituição dedicada ao atendimento ao idoso fica obrigada a manter identificação externa visível, sob pena de interdição, além de atender toda a legislação pertinente.

§ 3º As instituições que abrigarem idosos são obrigadas a manter padrões de habitação compatíveis com as necessidades deles, bem como provê-los com alimentação regular e higiene indispensáveis às normas sanitárias e com estas condizentes, sob as penas da lei.

Art. 38. Nos programas habitacionais, públicos ou subsidiados com recursos públicos, o idoso goza de prioridade na aquisição de imóvel para moradia própria, observado o seguinte:

I – reserva de 3% (três por cento) das unidades residenciais para atendimento aos idosos;

II – implantação de equipamentos urbanos comunitários voltados ao idoso;

III – eliminação de barreiras arquitetônicas e urbanísticas, para garantia de acessibilidade ao idoso;

IV – critérios de financiamento compatíveis com os rendimentos de aposentadoria e pensão.

CAPÍTULO X
Do Transporte

Art. 39. Aos maiores de 65 (sessenta e cinco) anos fica assegurada a gratuidade dos transportes coletivos públicos urbanos e semiurbanos, exceto nos serviços seletivos e especiais, quando prestados paralelamente aos serviços regulares.

§ 1º Para ter acesso à gratuidade, basta que o idoso apresente qualquer documento pessoal que faça prova de sua idade.

§ 2º Nos veículos de transporte coletivo de que trata este artigo, serão reservados 10% (dez por cento) dos assentos para os idosos, devidamente identificados com a placa de reservado preferencialmente para idosos.

§ 3º No caso das pessoas compreendidas na faixa etária entre 60 (sessenta) e 65 (sessenta e cinco) anos, ficará a critério da legislação local dispor sobre as condições para exercício da gratuidade nos meios de transporte previstos no **caput** deste artigo.

Art. 40. No sistema de transporte coletivo interestadual observar-se-á, nos termos da legislação específica: (*Regulamento*)

I – a reserva de 2 (duas) vagas gratuitas por veículo para idosos com renda igual ou inferior a 2 (dois) salários-mínimos;

II – desconto de 50% (cinquenta por cento), no mínimo, no valor das passagens, para os idosos que excederem as vagas gratuitas, com renda igual ou inferior a 2 (dois) salários-mínimos.

Parágrafo único. Caberá aos órgãos competentes definir os mecanismos e os critérios para o exercício dos direitos previstos nos incisos I e II.

Art. 41. É assegurada a reserva, para os idosos, nos termos da lei local, de 5% (cinco por cento) das vagas nos estacionamentos públicos e privados, as quais deverão ser posicionadas de forma a garantir a melhor comodidade ao idoso.

Art. 42. É assegurada a prioridade do idoso no embarque no sistema de transporte coletivo.

TÍTULO III
Das Medidas de Proteção

CAPÍTULO I
Das Disposições Gerais

Art. 43. As medidas de proteção ao idoso são aplicáveis sempre que os direitos reconhecidos nesta Lei forem ameaçados ou violados:

I – por ação ou omissão da sociedade ou do Estado;

II – por falta, omissão ou abuso da família, curador ou entidade de atendimento;

III – em razão de sua condição pessoal.

CAPÍTULO II
Das Medidas Específicas de Proteção

Art. 44. As medidas de proteção ao idoso previstas nesta Lei poderão ser aplicadas, isolada ou cumulativamente, e levarão em conta os fins sociais a que se destinam e o fortalecimento dos vínculos familiares e comunitários.

Art. 45. Verificada qualquer das hipóteses previstas no art. 43, o Ministério Público ou o Poder Judiciário, a requerimento daquele, poderá determinar, dentre outras, as seguintes medidas:

I – encaminhamento à família ou curador, mediante termo de responsabilidade;

II – orientação, apoio e acompanhamento temporários;

III – requisição para tratamento de sua saúde, em regime ambulatorial, hospitalar ou domiciliar;

IV – inclusão em programa oficial ou comunitário de auxílio, orientação e tratamento a usuários dependentes de drogas lícitas ou ilícitas, ao próprio idoso ou à pessoa de sua convivência que lhe cause perturbação;

V – abrigo em entidade;

VI – abrigo temporário.

TÍTULO IV
Da Política de Atendimento ao Idoso

CAPÍTULO I
Disposições Gerais

Art. 46. A política de atendimento ao idoso far-se-á por meio do conjunto articulado de ações governamentais e não governamentais da União, dos Estados, do Distrito Federal e dos Municípios.

Art. 47. São linhas de ação da política de atendimento:

I – políticas sociais básicas, previstas na Lei nº 8.842, de 4 de janeiro de 1994;

II – políticas e programas de assistência social, em caráter supletivo, para aqueles que necessitarem;

III – serviços especiais de prevenção e atendimento às vítimas de negligência, maus-tratos, exploração, abuso, crueldade e opressão;

IV – serviço de identificação e localização de parentes ou responsáveis por idosos abandonados em hospitais e instituições de longa permanência;

V – proteção jurídico-social por entidades de defesa dos direitos dos idosos;

VI – mobilização da opinião pública no sentido da participação dos diversos segmentos da sociedade no atendimento do idoso.

CAPÍTULO II
Das Entidades de Atendimento ao Idoso

Art. 48. As entidades de atendimento são responsáveis pela manutenção das próprias unidades, observadas as normas de planejamento e execução emanadas do órgão competente da Política Nacional do Idoso, conforme a Lei nº 8.842, de 1994.

Parágrafo único. As entidades governamentais e não governamentais de assistência ao idoso ficam sujeitas à inscrição de seus programas, junto ao órgão competente da Vigilância Sanitária e Conselho Municipal da Pessoa Idosa, e em sua falta, junto ao Conselho Estadual ou Nacional da Pessoa Idosa, especificando os regimes de atendimento, observados os seguintes requisitos:

I – oferecer instalações físicas em condições adequadas de habitabilidade, higiene, salubridade e segurança;

II – apresentar objetivos estatutários e plano de trabalho compatíveis com os princípios desta Lei;

III – estar regularmente constituída;

IV – demonstrar a idoneidade de seus dirigentes.

Art. 49. As entidades que desenvolvam programas de institucionalização de longa permanência adotarão os seguintes princípios:

I – preservação dos vínculos familiares;

II – atendimento personalizado e em pequenos grupos;

III – manutenção do idoso na mesma instituição, salvo em caso de força maior;

IV – participação do idoso nas atividades comunitárias, de caráter interno e externo;

V – observância dos direitos e garantias dos idosos;

VI – preservação da identidade do idoso e oferecimento de ambiente de respeito e dignidade.

Parágrafo único. O dirigente de instituição prestadora de atendimento ao idoso responderá civil e criminalmente pelos atos que praticar em detrimento do idoso, sem prejuízo das sanções administrativas.

Art. 50. Constituem obrigações das entidades de atendimento:

I – celebrar contrato escrito de prestação de serviço com o idoso, especificando o tipo de atendimento, as obrigações da entidade e prestações decorrentes do contrato, com os respectivos preços, se for o caso;

II – observar os direitos e as garantias de que são titulares os idosos;

III – fornecer vestuário adequado, se for pública, e alimentação suficiente;

IV – oferecer instalações físicas em condições adequadas de habitabilidade;

V – oferecer atendimento personalizado;

VI – diligenciar no sentido da preservação dos vínculos familiares;

VII – oferecer acomodações apropriadas para recebimento de visitas;

VIII – proporcionar cuidados à saúde, conforme a necessidade do idoso;

IX – promover atividades educacionais, esportivas, culturais e de lazer;

X – propiciar assistência religiosa àqueles que desejarem, de acordo com suas crenças;

XI – proceder a estudo social e pessoal de cada caso;

XII – comunicar à autoridade competente de saúde toda ocorrência de idoso portador de doenças infecto-contagiosas;

XIII – providenciar ou solicitar que o Ministério Público requisite os documentos necessários ao exercício da cidadania àqueles que não os tiverem, na forma da lei;

XIV – fornecer comprovante de depósito dos bens móveis que receberem dos idosos;

XV – manter arquivo de anotações onde constem data e circunstâncias do atendimento, nome do idoso, responsável, parentes, endereços, cidade, relação de seus pertences, bem como o valor de contribuições, e suas alterações, se houver, e demais dados que possibilitem sua identificação e a individualização do atendimento;

XVI – comunicar ao Ministério Público, para as providências cabíveis, a situação de abandono moral ou material por parte dos familiares;

XVII – manter no quadro de pessoal profissionais com formação específica.

Art. 51. As instituições filantrópicas ou sem fins lucrativos prestadoras de serviço ao idoso terão direito à assistência judiciária gratuita.

CAPÍTULO III
Da Fiscalização das Entidades de Atendimento

Art. 52. As entidades governamentais e não governamentais de atendimento ao idoso serão fiscalizadas pelos Conselhos do Idoso, Ministério Público, Vigilância Sanitária e outros previstos em lei.

Art. 53. O art. 7º da Lei nº 8.842, de 1994, passa a vigorar com a seguinte redação:

"Art. 7º Compete aos Conselhos de que trata o art. 6º desta Lei a supervisão, o acompanhamento, a fiscalização e a avaliação da política nacional do idoso, no âmbito das respectivas instâncias político-administrativas." (NR)

Art. 54. Será dada publicidade das prestações de contas dos recursos públicos e privados recebidos pelas entidades de atendimento.

Art. 55. As entidades de atendimento que descumprirem as determinações desta Lei ficarão sujeitas, sem prejuízo da responsabilidade civil e criminal de seus dirigentes ou prepostos, às seguintes penalidades, observado o devido processo legal:

I – as entidades governamentais:

a) advertência;

b) afastamento provisório de seus dirigentes;

c) afastamento definitivo de seus dirigentes;

d) fechamento de unidade ou interdição de programa;

II – as entidades não governamentais:

a) advertência;

b) multa;

c) suspensão parcial ou total do repasse de verbas públicas;

d) interdição de unidade ou suspensão de programa;

e) proibição de atendimento a idosos a bem do interesse público.

§ 1º Havendo danos aos idosos abrigados ou qualquer tipo de fraude em relação ao programa, caberá o afastamento provisório dos dirigentes ou a interdição da unidade e a suspensão do programa.

§ 2º A suspensão parcial ou total do repasse de verbas públicas ocorrerá quando verificada a má aplicação ou desvio de finalidade dos recursos.

§ 3º Na ocorrência de infração por entidade de atendimento, que coloque em risco os direitos assegurados nesta Lei, será o fato comunicado ao Ministério Público, para as providências cabíveis, inclusive para promover a suspensão das atividades ou dissolução da entidade, com a proibição de atendimento a idosos a bem do interesse público, sem prejuízo das providências a serem tomadas pela Vigilância Sanitária.

§ 4º Na aplicação das penalidades, serão consideradas a natureza e a gravidade da infração cometida, os danos que dela provierem para o idoso, as circunstâncias agravantes ou atenuantes e os antecedentes da entidade.

CAPÍTULO IV
Das Infrações Administrativas

Art. 56. Deixar a entidade de atendimento de cumprir as determinações do art. 50 desta Lei:

Pena – multa de R$ 500,00 (quinhentos reais) a R$ 3.000,00 (três mil reais), se o fato não for caracterizado como crime, podendo haver a interdição do estabelecimento até que sejam cumpridas as exigências legais.

Parágrafo único. No caso de interdição do estabelecimento de longa permanência, os idosos abrigados serão transferidos para outra instituição, a expensas do estabelecimento interditado, enquanto durar a interdição.

Art. 57. Deixar o profissional de saúde ou o responsável por estabelecimento de saúde ou instituição de longa permanência de comunicar à autoridade competente os casos de crimes contra idoso de que tiver conhecimento:

Pena – multa de R$ 500,00 (quinhentos reais) a R$ 3.000,00 (três mil reais), aplicada em dobro no caso de reincidência.

Art. 58. Deixar de cumprir as determinações desta Lei sobre a prioridade no atendimento ao idoso:

Pena – multa de R$ 500,00 (quinhentos reais) a R$ 1.000,00 (um mil reais) e multa civil a ser estipulada pelo juiz, conforme o dano sofrido pelo idoso.

CAPÍTULO V
Da Apuração Administrativa de Infração às Normas de Proteção ao Idoso

Art. 59. Os valores monetários expressos no Capítulo IV serão atualizados anualmente, na forma da lei.

Art. 60. O procedimento para a imposição de penalidade administrativa por infração às normas de proteção ao idoso terá início com requisição do Ministério Público ou auto de infração elaborado por servidor efetivo e assinado, se possível, por duas testemunhas.

§ 1º No procedimento iniciado com o auto de infração poderão ser usadas fórmulas impressas, especificando-se a natureza e as circunstâncias da infração.

§ 2º Sempre que possível, à verificação da infração seguir-se-á a lavratura do auto, ou este será lavrado dentro de 24 (vinte e quatro) horas, por motivo justificado.

Art. 61. O autuado terá prazo de 10 (dez) dias para a apresentação da defesa, contado da data da intimação, que será feita:

I – pelo autuante, no instrumento de autuação, quando for lavrado na presença do infrator;

II – por via postal, com aviso de recebimento.

Art. 62. Havendo risco para a vida ou à saúde do idoso, a autoridade competente aplicará à entidade de atendimento as sanções regulamentares, sem prejuízo da iniciativa e das providências que vierem a ser adotadas pelo Ministério Público ou pelas demais instituições legitimadas para a fiscalização.

Art. 63. Nos casos em que não houver risco para a vida ou a saúde da pessoa idosa abrigada, a autoridade competente aplicará à entidade de atendimento as sanções regulamentares, sem prejuízo da iniciativa e das providências que vierem a ser adotadas pelo Ministério Público ou pelas demais instituições legitimadas para a fiscalização.

CAPÍTULO VI
Da Apuração Judicial de Irregularidades em Entidade de Atendimento

Art. 64. Aplicam-se, subsidiariamente, ao procedimento administrativo de que trata este Capítulo as disposições das Leis n°s 6.437, de 20 de agosto de 1977, e 9.784, de 29 de janeiro de 1999.

Art. 65. O procedimento de apuração de irregularidade em entidade governamental e não governamental de atendimento ao idoso terá início mediante petição fundamentada de pessoa interessada ou iniciativa do Ministério Público.

Art. 66. Havendo motivo grave, poderá a autoridade judiciária, ouvido o Ministério Público, decretar liminarmente o afastamento provisório do dirigente da entidade ou outras medidas que julgar adequadas, para evitar lesão aos direitos do idoso, mediante decisão fundamentada.

Art. 67. O dirigente da entidade será citado para, no prazo de 10 (dez) dias, oferecer resposta escrita, podendo juntar documentos e indicar as provas a produzir.

Art. 68. Apresentada a defesa, o juiz procederá na conformidade do art. 69 ou, se necessário, designará audiência de instrução e julgamento, deliberando sobre a necessidade de produção de outras provas.

§ 1º Salvo manifestação em audiência, as partes e o Ministério Público terão 5 (cinco) dias para oferecer alegações finais, decidindo a autoridade judiciária em igual prazo.

§ 2º Em se tratando de afastamento provisório ou definitivo de dirigente de entidade governamental, a autoridade judiciária oficiará a autoridade administrativa imediatamente superior ao afastado, fixando-lhe prazo de 24 (vinte e quatro) horas para proceder à substituição.

§ 3º Antes de aplicar qualquer das medidas, a autoridade judiciária poderá fixar prazo para a remoção das irregularidades verificadas. Satisfeitas as exigências, o processo será extinto, sem julgamento do mérito.

§ 4º A multa e a advertência serão impostas ao dirigente da entidade ou ao responsável pelo programa de atendimento.

TÍTULO V
Do Acesso à Justiça

CAPÍTULO I
Disposições Gerais

Art. 69. Aplica-se, subsidiariamente, às disposições deste Capítulo, o procedimento sumário previsto no Código de Processo Civil, naquilo que não contrarie os prazos previstos nesta Lei.

Art. 70. O Poder Público poderá criar varas especializadas e exclusivas do idoso.

Art. 71. É assegurada prioridade na tramitação dos processos e procedimentos e na execução dos atos e diligências judiciais em que figure como parte ou interveniente pessoa com idade igual ou superior a 60 (sessenta) anos, em qualquer instância.

§ 1º O interessado na obtenção da prioridade a que alude este artigo, fazendo prova de sua idade, requererá o benefício à autoridade judiciária competente para decidir o feito, que determinará as providências a serem cumpridas, anotando-se essa circunstância em local visível nos autos do processo.

§ 2º A prioridade não cessará com a morte do beneficiado, estendendo-se em favor do cônjuge supérstite, companheiro ou companheira, com união estável, maior de 60 (sessenta) anos.

§ 3º A prioridade se estende aos processos e procedimentos na Administração Pública, empresas prestadoras de serviços públicos e instituições financeiras, ao atendimento preferencial junto à Defensoria Publica da União, dos Estados e do Distrito Federal em relação aos Serviços de Assistência Judiciária.

§ 4º Para o atendimento prioritário será garantido ao idoso o fácil acesso aos assentos e caixas, identificados com a destinação a idosos em local visível e caracteres legíveis.

CAPÍTULO II
Do Ministério Público

Art. 72. (VETADO)

Art. 73. As funções do Ministério Público, previstas nesta Lei, serão exercidas nos termos da respectiva Lei Orgânica.

Art. 74. Compete ao Ministério Público:

I – instaurar o inquérito civil e a ação civil pública para a proteção dos direitos e interesses difusos ou coletivos, individuais indisponíveis e individuais homogêneos do idoso;

II – promover e acompanhar as ações de alimentos, de interdição total ou parcial, de designação de curador especial, em circunstâncias que justifiquem a medida e oficiar em todos os feitos em que se discutam os direitos de idosos em condições de risco;

III – atuar como substituto processual do idoso em situação de risco, conforme o disposto no art. 43 desta Lei;

IV – promover a revogação de instrumento procuratório do idoso, nas hipóteses previstas no art. 43 desta Lei, quando necessário ou o interesse público justificar;

V – instaurar procedimento administrativo e, para instruí-lo:

a) expedir notificações, colher depoimentos ou esclarecimentos e, em caso de não comparecimento injustificado da pessoa notificada, requisitar condução coercitiva, inclusive pela Polícia Civil ou Militar;

b) requisitar informações, exames, perícias e documentos de autoridades municipais, estaduais e federais, da administração direta e indireta, bem como promover inspeções e diligências investigatórias;

c) requisitar informações e documentos particulares de instituições privadas;

VI – instaurar sindicâncias, requisitar diligências investigatórias e a instauração de inquérito policial, para a apuração de ilícitos ou infrações às normas de proteção ao idoso;

VII – zelar pelo efetivo respeito aos direitos e garantias legais assegurados ao idoso, promovendo as medidas judiciais e extrajudiciais cabíveis;

VIII – inspecionar as entidades públicas e particulares de atendimento e os programas de que trata esta Lei, adotando de pronto as medidas administrativas ou judiciais necessárias à remoção de irregularidades porventura verificadas;

IX – requisitar força policial, bem como a colaboração dos serviços de saúde, educacionais e de assistência social, públicos, para o desempenho de suas atribuições;

X – referendar transações envolvendo interesses e direitos dos idosos previstos nesta Lei.

§ 1º A legitimação do Ministério Público para as ações cíveis previstas neste artigo não impede a de terceiros, nas mesmas hipóteses, segundo dispuser a lei.

§ 2º As atribuições constantes deste artigo não excluem outras, desde que compatíveis com a finalidade e atribuições do Ministério Público.

§ 3º O representante do Ministério Público, no exercício de suas funções, terá livre acesso a toda entidade de atendimento ao idoso.

Art. 75. Nos processos e procedimentos em que não for parte, atuará obrigatoriamente o Ministério Público na defesa dos direitos e interesses de que cuida esta Lei, hipóteses em que terá vista dos autos depois das partes, podendo juntar documentos, requerer diligências e produção de outras provas, usando os recursos cabíveis.

Art. 76. A intimação do Ministério Público, em qualquer caso, será feita pessoalmente.

Art. 77. A falta de intervenção do Ministério Público acarreta a nulidade do feito, que será declarada de ofício pelo juiz ou a requerimento de qualquer interessado.

CAPÍTULO III
Da Proteção Judicial dos Interesses Difusos, Coletivos e Individuais Indisponíveis ou Homogêneos

Art. 78. As manifestações processuais do representante do Ministério Público deverão ser fundamentadas.

Art. 79. Regem-se pelas disposições desta Lei as ações de responsabilidade por ofensa aos direitos assegurados ao idoso, referentes à omissão ou ao oferecimento insatisfatório de:

I – acesso às ações e serviços de saúde;

II – atendimento especializado ao idoso portador de deficiência ou com limitação incapacitante;

III – atendimento especializado ao idoso portador de doença infecto-contagiosa;

IV – serviço de assistência social visando ao amparo do idoso.

Parágrafo único. As hipóteses previstas neste artigo não excluem da proteção judicial outros interesses difusos, coletivos, individuais indisponíveis ou homogêneos, próprios do idoso, protegidos em lei.

Art. 80. As ações previstas neste Capítulo serão propostas no foro do domicílio do idoso, cujo juízo terá competência absoluta para processar a causa, ressalvadas as competências da Justiça Federal e a competência originária dos Tribunais Superiores.

Art. 81. Para as ações cíveis fundadas em interesses difusos, coletivos, individuais indisponíveis ou homogêneos, consideram-se legitimados, concorrentemente:

I – o Ministério Público;

II – a União, os Estados, o Distrito Federal e os Municípios;

III – a Ordem dos Advogados do Brasil;

IV – as associações legalmente constituídas há pelo menos 1 (um) ano e que incluam entre os fins institucionais a defesa dos interesses e direitos da pessoa idosa, dispensada a autorização da assembleia, se houver prévia autorização estatutária.

§ 1º Admitir-se-á litisconsórcio facultativo entre os Ministérios Públicos da União e dos Estados na defesa dos interesses e direitos de que cuida esta Lei.

§ 2º Em caso de desistência ou abandono da ação por associação legitimada, o Ministério Público ou outro legitimado deverá assumir a titularidade ativa.

Art. 82. Para defesa dos interesses e direitos protegidos por esta Lei, são admissíveis todas as espécies de ação pertinentes.

Parágrafo único. Contra atos ilegais ou abusivos de autoridade pública ou agente de pessoa jurídica no exercício de atribuições de Poder

Público, que lesem direito líquido e certo previsto nesta Lei, caberá ação mandamental, que se regerá pelas normas da lei do mandado de segurança.

Art. 83. Na ação que tenha por objeto o cumprimento de obrigação de fazer ou não fazer, o juiz concederá a tutela específica da obrigação ou determinará providências que assegurem o resultado prático equivalente ao adimplemento.

§ 1º Sendo relevante o fundamento da demanda e havendo justificado receio de ineficácia do provimento final, é lícito ao juiz conceder a tutela liminarmente ou após justificação prévia, na forma do art. 273 do Código de Processo Civil.

§ 2º O juiz poderá, na hipótese do § 1º ou na sentença, impor multa diária ao réu, independentemente do pedido do autor, se for suficiente ou compatível com a obrigação, fixando prazo razoável para o cumprimento do preceito.

§ 3º A multa só será exigível do réu após o trânsito em julgado da sentença favorável ao autor, mas será devida desde o dia em que se houver configurado.

Art. 84. Os valores das multas previstas nesta Lei reverterão ao Fundo do Idoso, onde houver, ou na falta deste, ao Fundo Municipal de Assistência Social, ficando vinculados ao atendimento ao idoso.

Parágrafo único. As multas não recolhidas até 30 (trinta) dias após o trânsito em julgado da decisão serão exigidas por meio de execução promovida pelo Ministério Público, nos mesmos autos, facultada igual iniciativa aos demais legitimados em caso de inércia daquele.

Art. 85. O juiz poderá conferir efeito suspensivo aos recursos, para evitar dano irreparável à parte.

Art. 86. Transitada em julgado a sentença que impuser condenação ao Poder Público, o juiz determinará a remessa de peças à autoridade competente, para apuração da responsabilidade civil e administrativa do agente a que se atribua a ação ou omissão.

Art. 87. Decorridos 60 (sessenta) dias do trânsito em julgado da sentença condenatória favorável ao idoso sem que o autor lhe promova a execução, deverá fazê-lo o Ministério Público, facultada, igual iniciativa aos demais legitimados, como assistentes ou assumindo o polo ativo, em caso de inércia desse órgão.

Art. 88. Nas ações de que trata este Capítulo, não haverá adiantamento de custas, emolumentos, honorários periciais e quaisquer outras despesas.

Parágrafo único. Não se imporá sucumbência ao Ministério Público.

Art. 89. Qualquer pessoa poderá, e o servidor deverá, provocar a iniciativa do Ministério Público, prestando-lhe informações sobre os fatos que constituam objeto de ação civil e indicando-lhe os elementos de convicção.

Art. 90. Os agentes públicos em geral, os juízes e tribunais, no exercício de suas funções, quando tiverem conhecimento de fatos que possam configurar crime de ação pública contra idoso ou ensejar a propositura de ação para sua defesa, devem encaminhar as peças pertinentes ao Ministério Público, para as providências cabíveis.

Art. 91. Para instruir a petição inicial, o interessado poderá requerer às autoridades competentes as certidões e informações que julgar necessárias, que serão fornecidas no prazo de 10 (dez) dias.

Art. 92. O Ministério Público poderá instaurar sob sua presidência, inquérito civil, ou requisitar, de qualquer pessoa, organismo público ou particular, certidões, informações, exames ou perícias, no prazo que assinalar, o qual não poderá ser inferior a 10 (dez) dias.

§ 1º Se o órgão do Ministério Público, esgotadas todas as diligências, se convencer da inexistência de fundamento para a propositura da ação civil ou de peças informativas, determinará o seu arquivamento, fazendo-o fundamentadamente.

§ 2º Os autos do inquérito civil ou as peças de informação arquivados serão remetidos, sob pena de se incorrer em falta grave, no prazo de 3 (três) dias, ao Conselho Superior do Ministério Público ou à Câmara de Coordenação e Revisão do Ministério Público.

§ 3º Até que seja homologado ou rejeitado o arquivamento, pelo Conselho Superior do Ministério Público ou por Câmara de Coordenação e Revisão do Ministério Público, as associações legitimadas poderão apresentar razões escritas ou documentos, que serão juntados ou anexados às peças de informação.

§ 4º Deixando o Conselho Superior ou a Câmara de Coordenação e Revisão do Ministério Público de homologar a promoção de arquivamento, será designado outro membro do Ministério Público para o ajuizamento da ação.

TÍTULO VI
Dos Crimes

CAPÍTULO I
Disposições Gerais

Art. 93. Aplicam-se subsidiariamente, no que couber, as disposições da Lei nº 7.347, de 24 de julho de 1985.

Art. 94. Aos crimes previstos nesta Lei, cuja pena máxima privativa de liberdade não ultrapasse 4 (quatro) anos, aplica-se o procedimento previsto na Lei nº 9.099, de 26 de setembro de 1995, e, subsidiariamente, no que couber, as disposições do Código Penal e do Código de Processo Penal. (*Vide ADI 3.096-5 – STF*)

CAPÍTULO II
Dos Crimes em Espécie

Art. 95. Os crimes definidos nesta Lei são de ação penal pública incondicionada, não se lhes aplicando os arts. 181 e 182 do Código Penal.

Art. 96. Discriminar pessoa idosa, impedindo ou dificultando seu acesso a operações bancárias, aos meios de transporte, ao direito de contratar ou por qualquer outro meio ou instrumento necessário ao exercício da cidadania, por motivo de idade:

Pena – reclusão de 6 (seis) meses a 1 (um) ano e multa.

§ 1º Na mesma pena incorre quem desdenhar, humilhar, menosprezar ou discriminar pessoa idosa, por qualquer motivo.

§ 2º A pena será aumentada de 1/3 (um terço) se a vítima se encontrar sob os cuidados ou responsabilidade do agente.

Art. 97. Deixar de prestar assistência ao idoso, quando possível fazê-lo sem risco pessoal, em situação de iminente perigo, ou recusar, retardar ou dificultar sua assistência à saúde, sem justa causa, ou não pedir, nesses casos, o socorro de autoridade pública:

Pena – detenção de 6 (seis) meses a 1 (um) ano e multa.

Parágrafo único. A pena é aumentada de metade, se da omissão resulta lesão corporal de natureza grave, e triplicada, se resulta a morte.

Art. 98. Abandonar o idoso em hospitais, casas de saúde, entidades de longa permanência, ou congêneres, ou não prover suas necessidades básicas, quando obrigado por lei ou mandado:

Pena – detenção de 6 (seis) meses a 3 (três) anos e multa.

Art. 99. Expor a perigo a integridade e a saúde, física ou psíquica, do idoso, submetendo-o a condições desumanas ou degradantes ou privando-o de alimentos e cuidados indispensáveis, quando obrigado a fazê-lo, ou sujeitando-o a trabalho excessivo ou inadequado:

Pena – detenção de 2 (dois) meses a 1 (um) ano e multa.

§ 1º Se do fato resulta lesão corporal de natureza grave:

Pena – reclusão de 1 (um) a 4 (quatro) anos.

§ 2º Se resulta a morte:

Pena – reclusão de 4 (quatro) a 12 (doze) anos.

Art. 100. Constitui crime punível com reclusão de 6 (seis) meses a 1 (um) ano e multa:

I – obstar o acesso de alguém a qualquer cargo público por motivo de idade;

II – negar a alguém, por motivo de idade, emprego ou trabalho;

III – recusar, retardar ou dificultar atendimento ou deixar de prestar assistência à saúde, sem justa causa, a pessoa idosa;

IV – deixar de cumprir, retardar ou frustrar, sem justo motivo, a execução de ordem judicial expedida na ação civil a que alude esta Lei;

V – recusar, retardar ou omitir dados técnicos indispensáveis à propositura da ação civil objeto desta Lei, quando requisitados pelo Ministério Público.

Art. 101. Deixar de cumprir, retardar ou frustrar, sem justo motivo, a execução de ordem judicial expedida nas ações em que for parte ou interveniente o idoso:

Pena – detenção de 6 (seis) meses a 1 (um) ano e multa.

Art. 102. Apropriar-se de ou desviar bens, proventos, pensão ou qualquer outro rendimento do idoso, dando-lhes aplicação diversa da de sua finalidade:

Pena – reclusão de 1 (um) a 4 (quatro) anos e multa.

Art. 103. Negar o acolhimento ou a permanência do idoso, como abrigado, por recusa deste em outorgar procuração à entidade de atendimento:

Pena – detenção de 6 (seis) meses a 1 (um) ano e multa.

Art. 104. Reter o cartão magnético de conta bancária relativa a benefícios, proventos ou pensão do idoso, bem como qualquer outro documento com objetivo de assegurar recebimento ou ressarcimento de dívida:

Pena – detenção de 6 (seis) meses a 2 (dois) anos e multa.

Art. 105. Exibir ou veicular, por qualquer meio de comunicação, informações ou imagens depreciativas ou injuriosas à pessoa do idoso:

Pena – detenção de 1 (um) a 3 (três) anos e multa.

Art. 106. Induzir pessoa idosa sem discernimento de seus atos a outorgar procuração para fins de administração de bens ou deles dispor livremente:

Pena – reclusão de 2 (dois) a 4 (quatro) anos.

Art. 107. Coagir, de qualquer modo, o idoso a doar, contratar, testar ou outorgar procuração:

Pena – reclusão de 2 (dois) a 5 (cinco) anos.

Art. 108. Lavrar ato notarial que envolva pessoa idosa sem discernimento de seus atos, sem a devida representação legal:

Pena – reclusão de 2 (dois) a 4 (quatro) anos.

TÍTULO VII
Disposições Finais e Transitórias

Art. 109. Impedir ou embaraçar ato do representante do Ministério Público ou de qualquer outro agente fiscalizador:

Pena – reclusão de 6 (seis) meses a 1 (um) ano e multa.

Art. 110. O Decreto-Lei nº 2.848, de 7 de dezembro de 1940, Código Penal, passa a vigorar com as seguintes alterações:

> "Art. 61. [..]
>
> II – [...]
>
> h) contra criança, maior de 60 (sessenta) anos, enfermo ou mulher grávida;
>
> [...]" (NR)
>
> "Art. 121. [..]
>
> § 4º No homicídio culposo, a pena é aumentada de 1/3 (um terço), se o crime resulta de inobservância de regra técnica de

profissão, arte ou ofício, ou se o agente deixa de prestar imediato socorro à vítima, não procura diminuir as consequências do seu ato, ou foge para evitar prisão em flagrante. Sendo doloso o homicídio, a pena é aumentada de 1/3 (um terço) se o crime é praticado contra pessoa menor de 14 (quatorze) ou maior de 60 (sessenta) anos.

[..]" (NR)

"Art. 133. [..]

§ 3º [..]

III – se a vítima é maior de 60 (sessenta) anos." (NR)

"Art. 140. [..]

§ 3º Se a injúria consiste na utilização de elementos referentes a raça, cor, etnia, religião, origem ou a condição de pessoa idosa ou portadora de deficiência:

[..]" (NR)

"Art. 141. [..]

IV – contra pessoa maior de 60 (sessenta) anos ou portadora de deficiência, exceto no caso de injúria.

[..]" (NR)

"Art. 148. [..]

§ 1º [..]

I – se a vítima é ascendente, descendente, cônjuge do agente ou maior de 60 (sessenta) anos.

[..]" (NR)

"Art. 159. [..]

§ 1º Se o sequestro dura mais de 24 (vinte e quatro) horas, se o sequestrado é menor de 18 (dezoito) ou maior de 60 (sessenta) anos, ou se o crime é cometido por bando ou quadrilha.

[..]" (NR)

"Art. 183. [..]

III – se o crime é praticado contra pessoa com idade igual ou superior a 60 (sessenta) anos." (NR)

"Art. 244. Deixar, sem justa causa, de prover a subsistência do cônjuge, ou de filho menor de 18 (dezoito) anos ou inapto para o trabalho, ou de ascendente inválido ou maior de 60 (sessenta) anos, não lhes proporcionando os recursos necessários ou faltando ao pagamento de pensão alimentícia judicialmente acordada, fixada ou majorada; deixar, sem justa causa, de socorrer descendente ou ascendente, gravemente enfermo:

[..]" (NR)

Art. 111. O art. 21 do Decreto-lei nº 3.688, de 3 de outubro de 1941, Lei das Contravenções Penais, passa a vigorar acrescido do seguinte parágrafo único:

"Art. 21. [..]

Parágrafo único. Aumenta-se a pena de 1/3 (um terço) até a metade se a vítima é maior de 60 (sessenta) anos." (NR)

Art. 112. O inciso II do § 4º do art. 1º da Lei nº 9.455, de 7 de abril de 1997, passa a vigorar com a seguinte redação:

"Art. 1º [...]

§ 4º [..]

II – se o crime é cometido contra criança, gestante, portador de deficiência, adolescente ou maior de 60 (sessenta) anos;

[..]" (NR)

Art. 113. O inciso III do art. 18 da Lei nº 6.368, de 21 de outubro de 1976, passa a vigorar com a seguinte redação:

"Art. 18. [..]

III – se qualquer deles decorrer de associação ou visar a menores de 21 (vinte e um) anos ou a pessoa com idade igual ou superior a 60 (sessenta) anos ou a quem tenha, por qualquer causa, diminuída ou suprimida a capacidade de discernimento ou de autodeterminação:

[..]" (NR)

Art. 114. O art 1º da Lei nº 10.048, de 8 de novembro de 2000, passa a vigorar com a seguinte redação:

"Art. 1º As pessoas portadoras de deficiência, os idosos com idade igual ou superior a 60 (sessenta) anos, as gestantes, as lactantes e as pessoas acompanhadas por crianças de colo terão atendimento prioritário, nos termos desta Lei." (NR)

Art. 115. O Orçamento da Seguridade Social destinará ao Fundo Nacional de Assistência Social, até que o Fundo Nacional do Idoso seja criado, os recursos necessários, em cada exercício financeiro, para aplicação em programas e ações relativos ao idoso.

Art. 116. Serão incluídos nos censos demográficos dados relativos à população idosa do País.

Art. 117. O Poder Executivo encaminhará ao Congresso Nacional projeto de lei revendo os critérios de concessão do Benefício de Prestação Continuada previsto na Lei Orgânica da Assistência Social, de forma a garantir que o acesso ao direito seja condizente com o estágio de desenvolvimento sócio-econômico alcançado pelo País.

Art. 118. Esta Lei entra em vigor decorridos 90 (noventa) dias da sua publicação, ressalvado o disposto no **caput** do art. 36, que vigorará a partir de 1º de janeiro de 2004.

Brasília, 1º de outubro de 2003; 182º da Independência e 115º da República.

LUIZ INÁCIO LULA DA SILVA
Márcio Thomaz Bastos
Antonio Palocci Filho
Rubem Fonseca Filho
Humberto Sérgio Costa Lima
Guido Mantega
Ricardo José Ribeiro Berzoini
Benedita Souza da Silva Sampaio
Álvaro Augusto Ribeiro Costa

**Presidência da República
Casa Civil
Subchefia para Assuntos Jurídicos**

LEI Nº 12.008, DE 29 DE JULHO DE 2009

> *Altera os arts. 1.211-A, 1.211-B e 1.211-C da Lei nº 5.869, de 11 de janeiro de 1973 – Código de Processo Civil, e acrescenta o art. 69-A à Lei nº 9.784, de 29 de janeiro de 1999, que regula o processo administrativo no âmbito da administração pública federal, a fim de estender a prioridade na tramitação de procedimentos judiciais e administrativos às pessoas que especifica.*

O PRESIDENTE DA REPÚBLICA Faço saber que o Congresso Nacional decreta e eu sanciono a seguinte Lei:

Art. 1º O art. 1.211-A da Lei nº 5.869, de 11 de janeiro de 1973 – Código de Processo Civil, passa a vigorar com a seguinte redação:

> "Art. 1.211-A. Os procedimentos judiciais em que figure como parte ou interessado pessoa com idade igual ou superior a 60 (sessenta) anos, ou portadora de doença grave, terão prioridade de tramitação em todas as instâncias.
>
> Parágrafo único. (VETADO)" (NR)

Art. 2º O art. 1.211-B da Lei nº 5.869, de 1973 – Código de Processo Civil, passa a vigorar com a seguinte redação:

> "Art. 1.211-B. A pessoa interessada na obtenção do benefício, juntando prova de sua condição, deverá requerê-lo à autoridade judiciária competente para decidir o feito, que determinará ao cartório do juízo as providências a serem cumpridas.
>
> § 1º Deferida a prioridade, os autos receberão identificação própria que evidencie o regime de tramitação prioritária.
>
> § 2º (VETADO)
>
> § 3º (VETADO)" (NR)

Art. 3º O art. 1.211-C da Lei nº 5.869, de 1973 – Código de Processo Civil, passa a vigorar com a seguinte redação:

"Art. 1.211-C. Concedida a prioridade, essa não cessará com a morte do beneficiado, estendendo-se em favor do cônjuge supérstite, companheiro ou companheira, em união estável." (NR)

Art. 4º A Lei nº 9.784, de 29 de janeiro de 1999, passa a vigorar acrescida do seguinte art. 69-A:

"Art. 69-A. Terão prioridade na tramitação, em qualquer órgão ou instância, os procedimentos administrativos em que figure como parte ou interessado:

I – pessoa com idade igual ou superior a 60 (sessenta) anos;

II – pessoa portadora de deficiência, física ou mental;

III – (VETADO)

IV – pessoa portadora de tuberculose ativa, esclerose múltipla, neoplasia maligna, hanseníase, paralisia irreversível e incapacitante, cardiopatia grave, doença de Parkinson, espondiloartrose anquilosante, nefropatia grave, hepatopatia grave, estados avançados da doença de Paget (osteíte deformante), contaminação por radiação, síndrome de imunodeficiência adquirida, ou outra doença grave, com base em conclusão da medicina especializada, mesmo que a doença tenha sido contraída após o início do processo.

§ 1º A pessoa interessada na obtenção do benefício, juntando prova de sua condição, deverá requerê-lo à autoridade administrativa competente, que determinará as providências a serem cumpridas.

§ 2º Deferida a prioridade, os autos receberão identificação própria que evidencie o regime de tramitação prioritária.

§ 3º (VETADO)

§ 4º (VETADO)

Art. 5º Esta Lei entra em vigor na data de sua publicação.

Brasília, 29 de julho de 2009; 188º da Independência e 121º da República.

LUIZ INÁCIO LULA DA SILVA
Tarso Genro
Guido Mantega
Carlos Lupi
José Gomes Temporão
José Pimentel
José Antonio Dias Toffoli

Jurisprudência

Processual Civil. Agravo de instrumento. Prioridade na tramitação de processos. Lei nº 10.173/01. Pessoa jurídica. Inaplicabilidade. I. – A constatação, *in casu*, no despacho de inadmissibilidade do recurso especial, de que o acórdão não contrariou dispositivos infraconstitucionais, não significa usurpação da competência desta Corte. II. – A preferência na tramitação de processos determinada pela Lei nº 10.173/01 não se aplica à pessoa jurídica. III. – Agravo regimental desprovido. (STJ – AgRg no Agravo de Instrumento 468.648/SP, Rel. Min. Antônio de Pádua Ribeiro)

Agravo Interno. Pedido para Reforma da Decisão Monocrática que Negou Seguimento ao Recurso de Agravo de Instrumento, que Visava a Reforma da Decisão Agravada que Indeferiu Pedido para Tramitação Prioritária do Feito Principal, Tendo em Vista ser a Autora, Ora Agravante, Portadora de Neoplastia de Mama. Decisão Mantida. Agravo Improvido. (TJRS – Agravo Interno 70006296008, 9ª Câmara Cível)

Processual Civil. Agravo Regimental no Recurso Especial. Prioridade na Tramitação Processual. Advogado Maior de 65 anos. Estatuto do Idoso. Não Incidência. Desprovimento. I. As disposições do Estatuto do Idoso, Lei n. 10.741 de 1º de outubro de 2003, e do art. 1.211-A do Código de Ritos, somente se aplicam às partes da relação jurídica processual. II. A prioridade na tramitação processual não alcança o causídico que não figura como parte ou interveniente, e nem está a executar honorários decorrentes de sucumbência definitivamente fixada. III. Agravo regimental a que se nega provimento. (STJ – AgRg no Recurso Especial 285.812/ES, Rel. Min. Aldir Passarinho Junior)

Agravo de Instrumento. Seguro DPVAT. Tramitação Prioritária da Demanda. Estado Grave de Saúde. Realização de Perícia com Urgência. Deferimento. Uma vez comprovado o estado crítico de saúde do demandante, imperiosa a concessão de pedido de tramitação especial do feito, sob pena de ser suprimido direito fundamental da dignidade da pessoa humana, além de dificultar a apreciação do feito, em sua totalidade, pelo Poder Judiciário. Deferida a tramitação preferencial da demanda é consequência que os demais atos processuais sigam esta determinação. Agravo de Instrumento provido, de plano. (TJRS – Agravo de Instrumento 70025370578, 5ª Câmara Cível,)

Agravo de Instrumento. Acidente de Trabalho. Ação Acidentária. Autor Portador do Vírus HIV. Pedido de Tramitação Preferencial do Processo. Revela-se imprescindível que se conceda a pessoas que se encontrem em condições especiais de saúde, o direito à tramitação prioritária do processo, com fundamento no Princípio da Dignidade da Pessoa Humana, previsto no art. 1º, inc. III, no título dos Princípios Fundamentais, da Constituição da República Federativa do Brasil. Agravo de Instrumento Provido, de Plano. (TJRS – Agravo de Instrumento 70025676990, 10ª Câmara Cível)

Direito do consumidor e processual civil. Recurso especial. Ação de indenização por danos materiais e morais. Acidente automobilístico. Sequelas que conduziram à morte do acidentado. *Recall* realizado após o falecimento da vítima. Denunciação da lide. Pessoa idosa. Tramitação prioritária. Razoável duração do processo. Dissídio. Ausência de similitude. – É vedada a denunciação da lide em processos nos quais se discuta uma relação de consumo, especificamente na hipótese de responsabilização do comerciante pelos defeitos apresentados pelos produtos por ele comercializados. Sempre que não houver identificação do responsável pelos defeitos nos produtos adquiridos, ou seja ela difícil, autoriza-se que o consumidor simplesmente litigue contra o comerciante, que perante ele fica diretamente responsável. – Sem descurar das ressalvas da jurisprudência do STJ, mas por encerrar a hipótese peculiaridade concernente à idade avançada de um dos recorridos, que se socorre do Estatuto do Idoso para conferir-lhe prioridade na tramitação do processo, e, sob o esteio da garantia fundamental prevista no art. 5º, inc. LXXVIII, da CF, que assegura a razoável duração do processo e os meios que garantam a celeridade no andamento do processual, mantém-se o acórdão impugnado, para que a demanda principal siga seu curso, sem interrupções e delongas desnecessárias. – O arrastar de um processo por tempo indefinido, tema corriqueiro em debates jurídicos, não pode impingir a uma pessoa idosa o ônus daí decorrente, máxime quando a ação regressiva da fornecedora do produto poderá ser movida em momento posterior, sem prejuízo ao direito a ela assegurado – A regra formal, de índole processual, não deve prevalecer frente a um direito decorrente de condição peculiar da pessoa envolvida no processo, que tem nascedouro em diretrizes constitucionais, como se dá com a proteção ao Idoso. – A não demonstração da similitude fática entre os julgados confrontados, afasta a apreciação do recurso especial pela alínea "c" do permissivo constitucional. Recurso especial não conhecido. (STJ – Recurso Especial 1.052.244/MG, Rel. Min. Nancy Andrighi)

Ação de Cobrança. Procedência. Apelação. Efeito Devolutivo. Tramitação Prioritária do Recurso. Princípio da Dignidade Humana. O recurso de apelação interposto contra sentença que julgou procedente a ação de cobrança, será recebido no efeito devolutivo, por mostrar-se imprescindível que se conceda a pessoas idosas que se encontrem em condições especiais de saúde, o direito à celeridade necessária peculiar à tramitação processual prioritária, assegurando-lhes a entrega da prestação jurisdicional em tempo não apenas hábil, mas sob regime de prioridade, em observância ao princípio da dignidade da pessoa humana. (TJMG – 1.0035.04.038608-4/001(1), 29-4-2009, Rel. Des. Duarte de Paula)

Agravo de Instrumento. Contrato de Transporte. Ação Indenizatória. Denunciação da Lide. Estatuto do Idoso. Causa de pedir da demanda indenizatória que não se restringe à *ausência de notificação prévia* quanto às alterações no pacote turístico contratado pelas demandantes, mas também aos transtornos decorrentes da modificação das condições contratuais previamente pactuadas, de responsabilidade da operadora de turismo demandada. Figurando no polo ativo da ação pessoas idosas, o deferimento da denunciação da lide da agência de turismo – intermediária entre as demandantes e a demandada – comprometerá a rápida solução do litígio. Direito à razoável duração dos processos e à tramitação prioritária nas demandas que envolvem pessoas idosas (Lei nº 10.741/2003). Agravo de Instrumento Improvido em Decisão Monocrática. (TJRS – Agravo de Instrumento 70034225516, 12ª Câmara Cível,)

Decisão Monocrática. Agravo de Instrumento. Indeferimento do Pedido de Prioridade de Tramitação do Feito. Artigo 1211-A do Código de Processo Civil e 71 do Estatuto do Idoso. Aplicabilidade. Observância da Garantia

Constitucional da Duração Razoável do Processo. Decisão Proferida com Ilegalidade. Reforma. Concessão do Benefício. Recurso Provido. Inteligência do Artigo 557, § 1º-A do Código de Processo Civil. 1. A jurisprudência tem se manifestado no sentido de ser permitida a reforma da decisão de primeiro grau pelos Tribunais desde que fique evidente a ocorrência de ilegalidade ou situação outra com premente necessidade de intervenção. 2. Diante a idade avançada da parte, bem como em observância à garantia constitucional da razoável duração do processo, devendo o julgador utilizar-se de meios que garantam a celeridade no andamento processual, tem-se que a prioridade de tramitação do presente é medida de rigor. (TJPR – Agravo de Instrumento 676.082-9, 14ª Vara Cível, Rel. Des. José Carlos Dalacqua)

Justiça Gratuita – Benefício pleiteado por pessoa jurídica – Prova de miserabilidade do sócio, pessoa física – Impossibilidade – Pessoas que não se confundem – Recurso provido, com observação. Prioridade na Tramitação – Inteligência dos arts. 71, da Lei nº 10.741/2.003 e 1211-A, do CPC – Deferimento em primeiro grau – A despeito da não aplicação da prioridade às pessoas jurídicas, falta interesse recursal à agravante – Celeridade que beneficia ambas as partes – Recurso não conhecido. (TJSP – Agravo de Instrumento 990.10.264166-0, Decisão Monocrática 03269412)

Agravo de Instrumento – Tutela antecipada indeferida para excluir os dados das autoras do *site* oficial da Municipalidade denominado "De olho nas Contas" – Ato do Poder Executivo que configura, em tese, violação à intimidade, à privacidade e ao sigilo de dados – Presença dos requisitos ensejadores da tutela antecipada previstos no artigo 273 do CPC. – Assistência Judiciária indeferida – Presunção júris *tantum* que não tem caráter absoluto – Inexistência de prova nos autos de que, se suportadas as custas processuais, poderá haver sério comprometimento do sustento próprio ou familiar de algumas autoras – O mesmo não ocorre em relação a duas, que auferem módicos vencimentos – Precedentes deste Egrégio Tribunal. – Prioridade na tramitação do feito – pedido que deve ser concedido ao autor maior de 60 anos e aos demais coautores, mesmo que não tenham idade igual ou superior a 60 anos – Inteligência da Lei nº 10.741/03 que não faz restrição ao benefício – Recurso parcialmente provido. (TJSP – Agravo de Instrumento 990.10.311602-0, 11ª Câmara de Direito Público, Juiz 1ª Inst. Rodrigo Faccio da Silveira)

Estatuto do Idoso – Tramitação Processual – Prioridade – A tramitação prioritária do processo é cabível em qualquer instância sempre que figurar como parte ou interveniente pessoa com idade igual ou superior a 60 anos (art. 71 da Lei nº 10.741/03) – Existência de litisconsortes com idade inferior a sessenta anos – Irrelevância – Inexiste restrição legal à tramitação prioritária de processo em que haja litisconsórcio facultativo entre pessoas com idade acima e abaixo de sessenta anos – Decisão Reformada – Recurso Provido. (TJSP – AC 814.238.5/4, 9ª Câmara de Direito Público, 17-12-2008 – Rel. Des. Rebouças de Carvalho)

Agravo de Instrumento. Idoso. Tramitação processual. A tramitação prioritária do processo é cabível sempre que figurar como parte ou interveniente pessoa com idade igual ou superior a 60 anos (art. 71, da Lei nº 10.741/03). Hipótese em que a existência de litisconsortes com idade inferior a sessenta anos não obsta a tramitação prioritária do feito. Recurso provido. Trata-se de Agravo de Instrumento interposto por [...] contra a r. decisão de fls. 36 que, nos autos da ação de indenização por danos morais ajuizada em face da Prefeitura Municipal de São Paulo, indeferiu o pedido de prioridade processual, forte na tese que somente nos casos de litisconsórcio necessário é que o benefício pode ser concedido. Inconformados, alegam os agravantes que a r. decisão agravada viola o art. 5º, inciso LXXVIII, da Constituição Federal, em razão de que o fato de estarem eles juntamente com o idoso, não significa que não tenham direito à celeridade. Recurso processado com efeito suspensivo. Foram dispensadas as informações, assim como para que a agravada apresentasse resposta. É o relatório. Com efeito, o artigo 71 da Lei nº 10.741/03 (Estatuto do Idoso) conferiu prioridade na tramitação do processo, sempre que "figure como parte ou interveniente pessoa com idade igual ou superior a 60 (sessenta) anos, em qualquer instância". Pela leitura do mencionado dispositivo, resta clara a intenção do legislador, a saber, promover maior celeridade ao processo em que for parte ou interveniente pessoa de idade igual ou superior a sessenta anos. Em que pese o entendimento proferido na r. decisão agravada, tal objetivo não pode ser afastado pelo fato de também figurar no feito, como litisconsortes, pessoas com idade inferior. A regra em questão não interfere com a disciplina do litisconsórcio. Assim, inexiste restrição legal à tramitação prioritária de processo em que haja litisconsórcio facultativo entre pessoas com idade acima e abaixo de sessenta anos. (TJSP – Agravo de Instrumento 990.10.366878-2)

Agravo de Instrumento – Estatuto do Idoso – Prioridade na tramitação processual – Irrelevante a existência de litisconsórcio facultativo – Ausência de restrição legal – Recurso provido. Cuida-se de Agravo de Instrumento interposto por João Francisco de Paula Santos contra decisão que, em ação ordinária que, juntamente com outros autores, move em face da Fazenda do Estado de São Paulo, indeferiu seu pedido de prioridade na tramitação processual. Alega o agravante que é maior de sessenta anos e, portanto, faz jus ao benefício legal. Afirma que referida concessão se afigura como um direito e não como faculdade do magistrado. Sustenta, ainda, que a existência de litisconsórcio não interfere neste direito. Indeferida a tutela recursal liminar, conforme decisão lançada nos autos, foram dispensadas informações do Juízo da causa e resposta da agravada, por não formada a relação jurídica processual. E o relatório. *Ab initio,* esclareço que, não obstante o sobrenome do agravante ser idêntico ao deste relator, não o conheço, sendo que não se configura hipótese de impedimento ou suspeição. Em que pese os argumentos lançados pelo douto magistrado *a quo,* merece guarida a presente irresignação recursal. (TJSP – Agravo de Instrumento 990.10.446226-6, 9ª Câmara de Direito Público)

Estatuto do Idoso – Tramitação Processual – Prioridade – A tramitação prioritária do processo é cabível em qualquer instância sempre que figurar como parte ou interveniente pessoa com idade igual ou superior a 60 anos (art. 71 da Lei nº 10.741/03) – Existência de litisconsortes com idade inferior a sessenta anos – Irrelevância – Inexiste restrição legal à tramitação prioritária de processo em que haja litisconsórcio facultativo entre pessoas com idade acima e abaixo de sessenta anos – Decisão reformada. Recurso provido. (TJSP – Agravo de Instrumento nº 814.238-5/4-00, Rel. Des. Rebouças de Carvalho)

Idoso – Prioridade na tramitação processual. 1. A tramitação prioritária do processo é cabível em qualquer instância sempre que figurar como parte ou interveniente pessoa com idade igual ou superior a 60 anos (art. 71 da Lei nº 10.741/03). 2. Afigura-se descabida a determinação para desmembramento do feito proposto em litisconsórcio facultativo fora das hipóteses legais (art. 46, parágrafo único, CPC). 3. A existência de litisconsortes com menos de 60 anos não obsta a tramitação prioritária do feito nem impõe o desmembramento da demanda para a concessão do benefício. Decisão reformada. Recurso provido. (TJSP – Agravo de Instrumento nº 767.632-5/6, Rel. Des. Décio Notarangeli)

Apelação Cível. Ação indenizatória ajuizada em face de Ampla-Companhia de Eletricidade do Rio de Janeiro, em razão da interrupção do serviço de fornecimento de energia elétrica por cinco dias ocorrida em razão de forte temporal. Sentença de improcedência. A demora na restauração do serviço se mostrou extremamente excessiva, visto que não é razoável que a consumidora suporte a ausência de energia elétrica por longos cinco dias. Conforme dispõem os artigos 107 e 98, § 3º da Resolução nº 456/2000 da ANEEL o restabelecimento do serviço se dará em até 48 horas e os idosos com mais de 65 anos terão prioridade de atendimento. Interpretação a *contrario sensu* do enunciado nº 18 do Aviso 83/2009 TJRJ. Precedentes deste Tribunal. Danos morais evidenciados. Recurso ao qual se dá provimento. (TJRJ – Apelação Cível 0004572-78.2010.8.19.0087, 12ª Câmara Cível – Rel. Des. Lúcia Maria Miguel da Silva Lima)

Bibliografia

ABRÃO, Carlos Henrique; IMHOF, Cristiano. **Código de Processo Civil Interpretado**. Florianópolis: Conceito Editorial, 2010.

APOSTOLOVA, Bistra Stefanova. **Poder Judiciário**: do moderno ao contemporâneo. Porto Alegre: safE, 1998.

BRASIL. Constituição (1988). **Diário Oficial da União**, Brasília, DF, 05 out. 1988.

BRASIL. Emenda Constitucional nº 45, de 30 de dezembro de 2004. Altera dispositivos dos arts. 5º, 36, 52, 92, 93, 95, 98, 99, 102, 103, 104, 105, 107, 109, 111, 112, 114, 115, 125, 126, 127, 128, 129, 134 e 168 da Constituição Federal e acrescenta os arts. 103-A, 103-B, 111-A e 130-A, e dá outras providências. **Diário Oficial da União**, Brasília, DF, p. 9, 31 dez. 2004.

BRASIL. Lei nº 5.869, de 11 de janeiro de 1973. Institui o Código de Processo Civil. **Diário Oficial da União**, Brasília, DF, p. 1, 17 jan. 1973.

BRASIL. Lei nº 7.853, de 24 de outubro de 1989. Dispõe sobre o apoio às pessoas portadoras de deficiência, sua integração social, sobre a Coordenadoria Nacional para Integração da Pessoa Portadora de Deficiência – Corde, institui a tutela jurisdicional de interesses coletivos ou difusos dessas pessoas, disciplina a atuação do Ministério Público, define crimes, e dá outras providências. **Diário Oficial da União**, Brasília, DF, p. 1920, 25 out. 1989.

BRASIL. Lei nº 10.741, de 01 de outubro de 2003. Dispõe sobre o Estatuto do Idoso e dá outras providências. **Diário Oficial da União**, Brasília, DF, p. 1, 3 out. 2003.

BRASIL. Lei nº 12.008, de 29 de julho de 2009. Altera os arts. 1.211-A, 1.211-B e 1.211-C da Lei nº 5.869, de 11 de janeiro de 1973 – Código de Processo Civil, e acrescenta o art. 69-A à Lei nº 9.784, de 29 de janeiro de 1999, que regula o processo administrativo no âmbito da administração pública federal, a fim de estender a prioridade na tramitação de procedimentos judiciais e administrativos às pessoas que especifica. **Diário Oficial da União**, Brasília, DF, p. 4, 30 jul. 2009.

BRASIL. Superior Tribunal de Justiça. Resolução nº 2, de 25 de janeiro de 2005. **Diário da Justiça**, Brasília, DF, 28 jan. 2005. Seção 1, p. 1.

CAPPELLETTI, Mauro. **Juízes legisladores?** Porto Alegre: safE, 1993.

CASTRO, Carlos Roberto Siqueira. **O devido processo legal e os princípios da razoabilidade e proporcionalidade**. 5. ed. Rio de Janeiro: Gen Forense, 2010.

COMOGLIO, Luigi Paolo. **Il principio di economia processuale**. Padova: CEDAM, 1982.

D'AMBRA, Dominique. **L' objet de la fonction juridictionnelle**: dire le droit et trancher les litiges. Paris: LGDJ, 1994.

HÄBERLE, Peter. **Hermenêutica constitucional**. Porto Alegre: safE, 1997.

SOUZA, José Guilherme de. **A criação judicial do direito**. Porto Alegre: safE, 1991.

Formato	14 × 21 cm
Tipologia	Charter 10/12
Papel	Alta Alvura 90 g/m² (miolo)
	Supremo 250 g/m² (capa)
Número de páginas	128
Impressão	Editora e Gráfica Vida&Consciência